Investment

Investment

走進K線女王的交易室

從20萬資金到千萬身價的獲利思維

鄭雅瑄——著

CONTENTS

Part
1
**市場生存的法則——
我的投資之道**

| K 線小教室　　　　

16 式單日 K 線

簡述單日 K 線的形成

陽實體／陽高炮／陽反轉／陽轉機

陰實體／陰反轉／陰高炮／陰轉機

陽一字／陰一字

行情趨勢判別

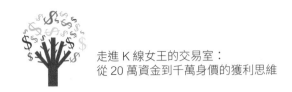

推薦序
交易，始終來自人性

吳中書

　　投資理論中，有一派學者認為市場價格已經反映所有公開訊息，依據已公布的訊息是無法打敗大盤；另有一派學者則認為市場是非效率性的，仍然存在套利的機會。一般坊間投資者所慣用的 K 線理論是屬於後者。雖然資深的投資人對於 K 線理論並不陌生，但能夠運用該理論持續表現打敗大盤者並不多見。

　　當朋友提起，說是有一位年輕的交易高手，用一套非常獨特的 K 線理論立足於股市，我對財務金融有一點粗淺的認識，有這樣的後起之秀能讓朋友特別提起，自然讓我好奇不已，朋友也熱心安排，促成了會面的契機。而還在半信半疑之時，她一開口，其理論的深度跟廣度，以及對交易本質理解之透徹，即使會面時間不長，便已讓我印象深刻。

　　這位女士就是本書的作者鄭雅瑄。

　　對談過程中，得知在這個一切往電子化前進的時代，她還能堅持多年手繪 K 線圖來訓練自己的盤感。這種過去用於訓練交易老手的方式，已經非常少見，無怪乎作者對於盤勢價位變化的敏感度及反應速度，遠比一般人高。她在深具邏輯的理論基礎上，不斷地在交易過程中做統

整、驗證、修正，而非僅是依賴一套眾所皆知的經驗或直覺。更特別的是，為了這套理論，還堅持走困難的路，自主開發看盤軟體，更切合的滿足交易需要，令人驚豔。

本書作者將近二十年的交易經驗集結成書，捨棄一堆令人眼花撩亂的技術指標，強調使用 K 線為主，詳盡分類各種 K 線線形所代表的意義。並融合多年手繪 K 線圖訓練出來對於盤勢認知的細膩度，從看似簡單的 K 線中，推演出交易背後代表的訊息。在僅用 K 線一個指標的狀況下，就能達到挑選標的、分析行情、制定交易策略等等，化繁為簡，在眾多分析理論中獨樹一格，而又有推理的依據，令人佩服。即使資深投資者讀來，也會訝異於這套理論的完整跟獨特；對新手而言，又如一道堅實的入門磚，脫離毫無理性的跟單及猜測，為交易的觀念奠基。

本書另一個獨到之處，在於圍繞於「交易終歸是以人為本」這個概念。不同於多數強調自己如何成功的書籍，作者列舉自己在多年交易過程中所遭遇的重大失敗，詳盡剖析這些失敗交易中所隱含的各種線索。以自身歸納發展的「交易金三角」：「心態觀念」、「技術技巧」、「資金控管」，提出一套系統性的方式，供讀者檢視交易中遇到的問題，深入核心、解決投資人的迷思。

成書在即，我十分榮幸也非常樂意推薦本書，期望在充滿不確定性的股海中，本書能夠提供投資大眾參考的訊息。

（本文作者為台灣金融研訓院董事長）

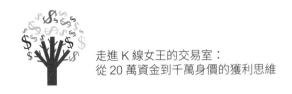

推薦序
信 K 線者得永生

蕭明道

　　在股海征戰四十年的歲月中，過往成功和失敗的經驗。讓我領悟出亙古不變的道理——「信 K 線者得永生」。每一根 K 線的產生，都是真金白銀、真槍實彈堆砌出來的成果，正所謂聽其言不如觀其行，不論外資法人報告有多好，不論小道消息有多可靠，這些都不如見到量增價漲的 K 線來得踏實！

　　技術分析就是量價、時間、角度的排列組合，也是研判市場動靜最佳利器。

　　量與 K 線是整個市場的共業共力。

　　當投資人做出買或賣的決定，所有的痕跡都會忠實地反映在 K 線、成交量、角度上。隨後一步步衍生出均線、均量、各種價格指標。

　　技術分析操作者最希望的就是在多空順勢盤中，精準抓到「起漲」「止漲」「起跌」「止跌」四個關鍵位置，我們叫它「轉折點」。要清楚判斷，靠的就是 K 線的指引，及其衍生出的均線和活動靶的同異位對照技巧。

熟練 K 線後，不論是在起漲轉折切入，或在進入止漲盤整時優雅退出，都可以做到輕鬆寫意。

不過，市場上還是有輸家跟贏家，人性的貪婪與恐懼總在大紅大黑的 K 線中一覽無遺。

一個自下而上的上漲波，出現了「人取我予的區間極限大量」的長紅 K，顯示追價力道已盡，抬轎的人都上轎了，還要擠破頭搶嗎？這就是「止漲」，要不貪婪的賣出！

有時候破底大量黑 K 讓害怕的投資人殺出，但事後看來，其實是有心人士想要得到籌碼的手段，待塵埃落定，一波新的轉折在此產生。

如果投資人可以把「量價供需原理」弄清楚，K 線裡就不存在騙線了。在金融操作中「買得好不如買得巧」，行情是等來的，不是買來等的，善獵者必善於等待。

在整理過程中下足功夫是「因」。透過「強弱比較」找出強勢飆股的 DNA，就能領先大盤止跌，領先大盤起漲，同時帶起所有均量，這就是飆股的樣子。

買進後等待未來上漲是「果」，直到區間極限大量的出現出脫持股，把複雜的事情簡單化，並且熟練再熟練，就能讓你的聚寶盆盆滿缽滿。

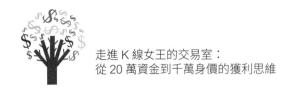

K 線是不會騙人的，只有人會騙人，只要能夠把握，它就會在你的耳邊訴說行情。

很高興看到這本《走進 K 線女王的交易室》，作者跌宕起伏的投資人生，充滿多空實戰的豐富經驗，書中字字句句全是交易中領悟的心血結晶。讓我想起當年手繪 K 線圖的日子，也由此練就了我的盤感，令我心有戚戚。直到現在，我仍非常推薦大家手繪 K 線，唯有如此，才能感受到 K 線細微又美妙的變化，見微知著，立於不敗之地。

作者非常注重資金的控管與分配，如人飲水冷暖自知，她將投資過程中會遇到的挑戰，鉅細靡遺傳達給讀者，將多年的精華濃縮成冊，是值得細細品味的技術分析範本。

（本文作者為技術分析派大師）

市場老師教我的事

　　股市猶如大海，時而平靜，時而狂暴；能在海上看見美麗的風光，但海面下卻也暗潮洶湧。經歷過「台灣錢淹腳目」急速推升的經濟成長期，也曾走過 1997 年亞洲金融危機，並幸運的存活下來，但最終仍躲不過 2008 年全球性的金融海嘯。2008 年是我進入股市的第四年，親眼所見所聞不少人一生的心血就此化為烏有，而從前賺到盆滿缽盈的年代，就像是場夢境一般，金融市場的變化如同美麗又夢幻的泡泡，那麼令人迷戀卻又充滿危險，當泡泡破滅時，又有多少人能全身而退？

　　十七八載交易的歲月，我從未覺得這是一條輕鬆容易的路，反之，我這一葉輕舟也曾差點徹底覆沒在這深不可測的股海之中。當我還是個菜鳥時，只會聽信各種來路不明的消息、做出不理性的買賣，導致虧損連連，即使在股海中航行多年後，也還在不斷地摸索方法、小心翼翼的想盡辦法找出一條生存之道。但，股市並非死板的數字加減與變動，而是融合了各種人性、策略甚至是謊言的綜合體，因此我也曾經重重的摔過好幾跤，開始懷疑自己、懷疑未來的方向在哪裡？畢竟，交易的本質終歸是回到人性，那時心裡的煎熬、不安跟沮喪，實在刻苦銘心、永生難忘。

　　要面對市場的挑戰並解決交易上的挫折，終歸必須找出根本原因、

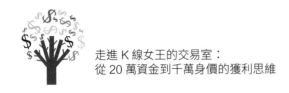

對症下藥，明白自己在哪一個部分判斷失準，很多時候，我們因為擺脫不了人性的弱點，既貪婪又恐懼，才會在錯的時間點做出了錯誤的選擇，一次次的讓自己陷入痛苦的深淵。

著名的哲學家黑格爾有句名言說得貼切：「人類從歷史學到的唯一教訓，就是人類沒有從歷史汲取任何教訓」，即使知道自己的問題在哪，又有多少人有勇氣去面對自己犯的錯、嘗試去修正，甚至是不斷的精進，好來讓自己在交易這條路上走得更好、更穩？太多人明明知道自己犯了錯，卻還是嘗試在說服自己這只是一時運氣不佳、市場不如預期，或跟鴕鳥一樣，不切實際的把頭埋起來，不看不聽，甚至欺騙自己這是一筆長期的投資；即便是幸運小賺，也常自滿於蠅頭小利，卻忽略了隱藏在背後的訊息跟危機。在無法克服人性，又缺乏合理、永續的工具幫助自己衡量跟判斷市場走向的狀況下，就真的只能成為新鮮的韭菜，任人採摘。

有鑑於此，我收集自身的交易失敗案例，期望能藉由我十幾年來在股市中遇到的挫折，以此為鏡，深入剖析交易中遇到困境難題時，該如何正確地面對問題並做出明智的判斷，不需要再去仰賴跟擲筊意義上相差不遠的猜測，並奢望能夠獲利。

市面上教如何賺錢的書太多，但教人如何避免賠錢的書卻很少，彷彿在暗示著只要進入股市就能輕鬆獲利，而現實狀況是：市場沒有永遠的贏家，根據八二法則，百分之二十的人賺取了百分之八十的利潤，大

多數人只能獲得很少的利潤，甚至就此慘賠、淹沒。

　　我於書中提出的「交易金三角」：「心態觀念」、「技術技巧」、「資金控管」，是我歸納了多年以來交易的心得，提出一套在遇到問題時，能夠有效評估、判斷的方法，希望能幫助眾多的投資人，也期望以此報答、感謝多年以來，曾經在交易這條路上幫助過我、許許多多的貴人。

　　書得以成書，首先要謝今周刊出版的副總編輯宜君，悉心仔細的與我溝通書中架構與內容，致力於以平易近人的方式傳達給所有投資人關於交易的重要觀念；感謝「KandleChart K 線交易室」提供 K 線圖檔的輸出；我的學生吳亞倫、李佳揚，技術純熟、思路清晰、文筆流暢，因此我商請他們兩人協助資料的收集與稿件的潤色，本書才得以快速地集結成冊；另一位學生廖偉博，投入很多時間手繪 K 線圖，畫得精細優美，本書手繪 K 線圖就是出自他的手筆，在此一併致上我的謝意。

　　最後，祝福所有的讀者皆能在交易市場上，有所斬獲，無往不利！

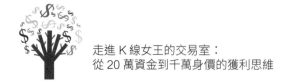

前言
交易者的養成與修練——
我的投資心路與領悟

夜深人靜，萬籟俱寂，內心百感交集，不知不覺間，在交易市場跌跌撞撞已有十七個年頭，驀然回首，箇中悲欣，如人飲水，冷暖自知。

每每交易順利，心情就如凌虛御風般飄然若仙，每當沉溺在這份喜悅而忘得意滿、狂妄自大時，市場就扮演起最嚴厲的老師，瞬間板起臉孔，狠狠地教訓我這不知天高地厚的學生，每次的教訓都令我痛不欲生。我未曾想過放棄，因為這些教訓彌足珍貴，每一次的經驗都變成了養分，一點一滴的澆灌著我，使我成長茁壯。

「天地不仁，以萬物為芻狗；聖人不仁，以百姓為芻狗」，市場亦是如此，對待所有交易者皆是一視同仁、不分厚薄，任其自由發展。經過這位嚴師無數次無聲的教誨後，我的心態也漸漸有了轉變，從一開始只追求獲利的極致，心態狂妄自傲到了極點，直到被市場賞了好幾次響亮的耳光，才使我漸漸謙卑、沉穩，並且從中體悟出，想要在交易市場獲取豐厚的報酬並非一蹴可幾，除了要刻苦勤學所需的交易技術外，心態觀念的鍛鍊更需長時間的培養，唯有抱持信念、努力不懈，方能有成。

　　所幸，上天眷顧，我在交易的路途上，雖然一路顛簸，不過一直都有貴人指引提攜，不僅大大縮短了我的摸索期，又得以站在巨人的肩膀上發展茁壯，也因如此，縱然遭遇挫折，我也能夠很快找到失敗的原因，汲取教訓並迅速調整，短時間內就能重整旗鼓，而且越挫越勇，格局與視野也隨之擴展。

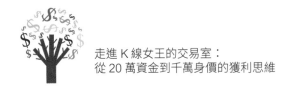
初生之犢不畏虎

開始踏入市場的頭三年，因為大環境處於多頭市場，加上初生之犢不畏虎的鬥性，還有亂拳打死老師傅的新手運，幾乎買什麼賺什麼，瘋狂時更是狂開槓桿將所有資金獨壓單檔權證，過程中讓我快速累積一筆為數不小的財富，因為財富來得極快，讓我無視市場的凶險，研究所畢業後僅短短工作二個月，便毅然決然遞出辭呈，在家從事全職交易。那時候，我可說是意氣風發、睥睨一切，有時甚至會按著計算機幻想，只要照著這個績效持續下去，不出幾年我的財富就可以超越股神巴菲特了！

然而，天不從人願，大盤的一次大回檔，就瞬間讓我這三年來所賺得的財富吐回半數以上，但這並未讓我有絲毫心痛，當時覺得不過是運氣不好罷了，一時失意不用哀怨，倘若幸運女神再次眷顧我，按照過往敢衝敢壓的氣魄，吐回去的錢不出一、兩個月便會賺回來，甚至會倒賺更多。

於是我將手中剩餘所有的錢，再次獨壓單檔權證，買好買滿後，我便駕車環島旅行去了，每天都盡情享樂，不管手中權證價位的高低變化，頂多在收盤後看一下當天的收盤價；到了要返家的最後一天，那時的我行駛在花蓮的鄉間大道上，愜意地享受暖風的吹拂，讚嘆著台灣東部的農田總是讓人心曠神怡，偶然看到路旁有店家在販售蓮霧，便停下車想買些蓮霧分送給親友，就在熱情的老闆幫我打包購買的蓮霧時，我

才突然想起了我早些日子買的權證，心想著來看一下我到底賺了多少，於是我打開我的筆記型電腦並連上無線網路……

映入眼簾的，和車窗外的風景如出一轍，草色入簾青，綠油油的一片。當天台股大跌，跌停家數超過三百家，當然我的權證也無法幸免，一落千丈，稍微估算了一下當天的損失，大約賠了一般上班族七至十年的年薪，看完後我也不知道是哪裡來的自信，仍舊無動於衷，心想股價漲跌只是一時，等我回去一切都會好轉。

返家後，盤勢並沒有任何起色，反而連續大跌數日，這時我心中開始忐忑不安起來，於是我又拿起計算機，但諷刺的是這時算的不是幾年後可以超越股神巴菲特，而是如果盤勢繼續下跌，我的權證何時要吃「龜苓膏」。幾天後，權證的價位終於跌到我心理可以承受的臨界點，我出清了手中所有持倉，總資金僅僅剩下高峰時期的兩成！這次市場老師狠下心來教訓我，當頭棒喝，第一次受到如此震撼的教育，我開始徬徨不安、不知所措。

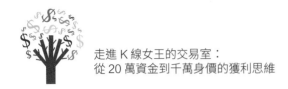
 禍福相倚，柳暗花明

　　就在我徬徨無助，對交易這條路產生懷疑退卻時，一次偶然的機會我結識了一位影響我一生的奇人，他身材魁梧卻留有白鬍、心思細膩卻不修邊幅、絕頂聰明卻裝瘋賣傻、心懷慈悲卻言語刻薄、誠以待人卻手法猛烈、關懷世事卻隱世而居、交易武功如入神境卻不輕易示人，他就是我的恩師——股市老先覺。

　　當時師父年紀漸長，體力逐漸衰弱，生怕他畢生研究的交易絕學後繼無人，便開始尋找有緣之人傳授他的獨門絕技。一開始培訓的時候僅有十人左右，這些人都是年僅二十出頭的大學生，個個頂尖拔萃，但受了一小段時間的訓練後，因為承受不了師父所指派的作業量，於是在網路上廣發英雄帖，希望招募對交易有興趣，經得起磨練的人，一起受訓、一起分擔作業，我就是在這機緣下，入門拜師學習，當時一起受訓的人員約有近百人，個個都是千裡挑一，一時俊秀。

　　受訓的地點位於北部山上，師父在山上開闢了約二千坪的土地，在這二千坪的土地裡，挖了一個約一千坪的水池，以純木造的方式，建造了教室、書房、寢室、畫圖室，並種植許多珍貴的樹木，宛如與世隔絕的人間仙境，雖然環境優雅、仙氣飄飄，但對在都市住慣的我們卻是考驗耐力與決心的地方。

　　記得剛上山那年，冬季天氣異常寒冷，我們上課的教室僅有一面牆與外邊土堆做區隔，雖非露天但也相去不遠，師父特別喜愛在深夜授

課，上課時冷風颯颯，時不時更會有冷冷的雨水飄進來，無情地在我們的臉上胡亂拍打，在無任何暖氣設備的環境下，聽著師父時而嗤笑損人、時而怒目瞪人，喜怒無常的授課方式，沒有親身經歷過是無法體會箇中辛酸的，現在回想起，還是不禁會打起寒顫。

體力上的耗損，對那時年輕氣盛的我們來說，撐一下就過了；但心力上的折磨，就沒有那麼容易熬過，既艱辛又痛苦。當時的作業分為兩大項，一是畫手工 K 線圖，必須畫得工整潔淨，猶如彩色印刷一般，方可過關，否則師父會叫我們將徒手辛苦畫了七、八個小時的 K 線圖，點火燒毀，重新再畫。

另一項是上課心得的撰寫，首先我們要將師父上課的內容，逐字逐句、一字不漏地打成逐字稿，並將逐字稿轉換成半文言文式的獨特文體，寫得好師父會特別找你逐字討論作業內容，次一等的會叫你拿去燒掉重寫，極差的就會用狠毒酸辣的口氣諷刺你，「寫得真好，可以印出來擺上書架了！」

除了一般交易技術上的學習外，舉凡個人的言談舉止、待人接物、穿著配戴、飲食習慣等等，無所不包、無所不含，師父處處監控著我們，若有不順其意者，輕者受其斥責酸語數周，次重者大家同受連坐之罰無課可上，最重的則逐出師門，讓你捲鋪蓋走人；他的教學環境遺世獨立、相貌岸然卻不修邊幅、性情古怪難測、教學手法嚴峻猛烈，如果用金庸武俠小說中人物與之比擬，師父可說是現代版的桃花島主──黃藥師。

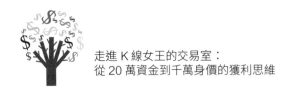
 隱世高人承其衣缽

在嚴苛的教學環境下，許多學生慢慢承受不了這種高壓氛圍，自請離山。當時的我見機找理由向師父商討，平日在山下努力自習，假日再返山充電，師父受不了我的溫情攻勢，勉為其難地同意了我自訂的學習方式。

這種平日自修、假日上山充電的學習模式，大概持續了半年之久，而這段時間學生也幾乎流失殆盡、所剩無幾。有一次上山，師父找我和與我同行學習的一位夥伴懇談，說道：「此處即將解散，我看你們兩個還算向學，我們給彼此一個禮拜的時間，你們上山來，想學什麼，只要你們開口我就教。」我們一聽，老師竟然開放學習菜單讓我們自由點菜，這是空前絕後的機會啊！錯過此生便不會再有了，於是我與夥伴隨即答應了。

再次上山全天候學習，山上學生早已鳥獸散、各奔東西，想著不久前還充斥著喧鬧聲的深山，再望著如今空無一人的仙境，心中難免有一絲惆悵。此時，師父早已坐在庭園的木椅遙望著我們，與他寒暄幾句後，師父問我們想學什麼。

我們回答：「畫手工 K 線圖。」

師父驚訝地說道：「你們不會畫！？我親傳的弟子怎麼可以不會畫呢？」

　　當時近百位的學生陸續上山，入門的時間前後有所差距，而我與同行夥伴屬於後期的關門弟子，因此沒有學到手畫 K 線圖的方法，過程中，我們一直拜託早進的同學教我們畫圖的方法，但每個人當時深受師父高壓教育的荼毒，根本沒有額外的時間理會我們兩個後進的同學，所以我們兩個一直無法畫出如彩色印刷般的 K 線圖。

　　當時師父知道原由仍滿臉疑惑，似乎告訴我們，一個禮拜的時間，怎麼會有人選學「畫圖」呢？不是應該學怎麼快速賺錢的方法？但君子一言既出，駟馬難追，師父也不好意思推託，於是開始傳授我們 K 線圖的畫法，不合常理的是，他只教了約十五分鐘，就開始跟我們聊天，從早上十一點左右聊到隔日凌晨兩點，才送我們離開教室，那時他隨口說了一句：「今天很晚了，圖有空再畫就好。」

　　當下我們心想：「依師父的個性怎麼可能如此和善，這其中必定有詐！」所以回到住處後，我們熬夜趕工畫圖，次日早上九點將畫好的圖整齊地擺放在師父的書桌上。

　　到了九點半，師父睡眼惺忪地從他的寢室走出來，看了一眼桌上的 K 線圖，微微地笑了一下，說道：「不錯嘛，竟然有畫出來！」

　　當下我倆會心一笑，還好我們沒有落入師父所設的圈套，瞧瞧這人有多腹黑，倘若今早沒把圖畫好交出來，依他的個性，一定叫我們提早下山、打包走人，他也會瞬間神隱，從此查無此人。

21

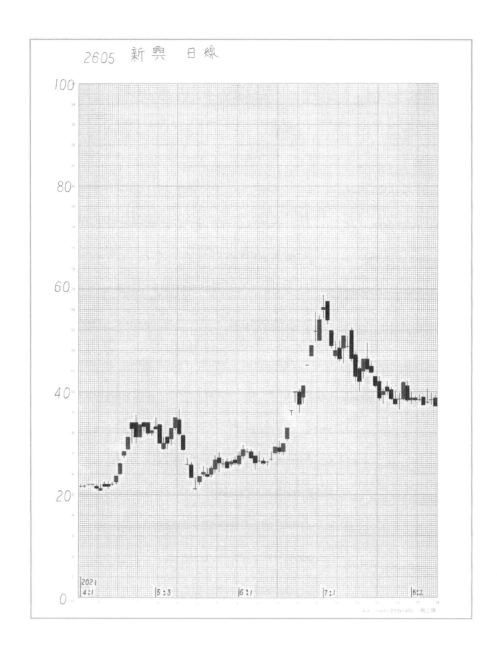

　　師父獨創的分析圖表共有九種，皆有獨特的手工繪製方法，因為第一天我們如期繳交畫圖作業，因此，後續接連八天，師父每天用十五分鐘左右，親手教我們一種圖表的畫法與應用，其餘時間則泡茶聊天至次日凌晨；返家後，我們立刻將當天的圖表選擇一項商品再畫一次，早上乖乖地將作業整齊擺放在師父的書桌上。

　　就在交完最後一種圖表作業後，師父的臉色突然變成如慈父般的和藹。

　　他欣慰地說道：「你們兩個，是我此生唯一親手教齊九種圖的人，未來你們要把這套畫法傳承下去，不要讓那麼好的東西斷絕了！」

　　突然間，我們好像背負著一種傳承的使命，不能讓恩師這套祕技斷絕在我們手上。

　　接著師父又說道：「雖然一個禮拜之約已到，但你們還不錯，熬過層層的考驗，我願意教你們交易真功夫，我不是笨蛋，不會浪費你們的時間，未來我叫你們做什麼，你們就做什麼。」

　　於是我與夥伴二人開始了為期大約兩年，幾乎與師父朝夕相處的學習時光；這段時光並不輕鬆，師父獨有的教學模式，舉凡嗤笑譏諷、真話假說等等，用來磨練徒弟意志力、專注力、反應力……的各種手段，絲毫沒有因為只剩我們兩人而有所減弱。

　　在師父身旁學習的兩年間，全球股市劇烈波動，但在師父刻意控制

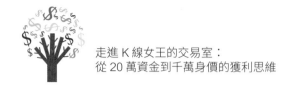
的情況下，我並沒有因而累積豐厚的利潤，甚至還差點破產離開市場。2008 年因為美國次級貸款問題，引發全球性的金融海嘯，全球股市暴跌，台股自然也不能幸免，沒有最低只有更低，指數天天破底，報價看板綠油油的一片，在這大空頭的趨勢中，平日最愛做空的師父竟然狂叫我們尋找跌幅滿足的股票搶反彈，搶反彈時對時錯，不過做錯時因為嚴設停損，所以虧損不大，但就算搶對，也因為主趨勢是空頭，反彈往往僅一、二天就又轉為下跌行進勢，獲利甚微，所以在金融海嘯大空頭的行情中，我的操作資金並沒有因此有所累積。

過了幾年，有次與師父餐敘，談起了這段往事。

師父說：「那時你們在我身旁，我帶著你們走鋼索，而且鋼索上面還布滿了刺，如果連最難的都可以過關，以後我不在你們身邊，順著趨勢操作不是一件輕而易舉的事嗎？」

這就是師父的眼界，不以當下是否獲利為考量，而是以未來是否能獨立處理艱難的行情為念，若他沒有點明說破，旁人對他的行為定然充滿不解與困惑，甚至引來許多謗責。

驕兵必敗，自力更生

金融海嘯大空頭行情來得又急又快，加權指數從最高點 9,859 以很短的時間跌到最低點 3,955，就在指數跌至接近 4,000 點時，師父又開始催促我們趕快找股票買，經過從高點一路搶反彈搶到低點的經驗，搶反彈風險高、獲利小。

我語帶懷疑的提問：「指數不是還會再跌嗎？」
師父用非常罕見篤定的口氣說：「不會再跌了啦！趕快找！」

因此在加權指數跌到 3,955 點後，在低檔整理三、四個月的時間，我運用師父所教的技術，專找跌幅滿足的個股買進，反彈到壓力就賣出，快速靈活地換股操作，短短四個月，我將我的操作資金翻了又翻，滾出了數倍的獲利。

當時我滿心歡喜，心中不時地讚嘆自己的神技，自覺自己的操作技術，除了師父以外，已經所向披靡，就在志得意滿之際，「市場」這位嚴師又拿起了藤鞭悄然地來到了我的身旁。

在 2009 年 4 月底，當時我見加權指數反彈到了壓力區，便憑藉著自己對所學技術的信心，將所有資金全力放空，放空後我去了日月潭遊覽湖光山色，慰勞自己這幾個月來的辛勞，殊不知這一趟竟是樂極生悲的旅程，當我打開飯店電視，新聞跑馬燈傳出快訊，兩岸將簽訂金融 MOU，當晚新加坡摩台指數暴漲約 15%，一看到這個消息，已有數年

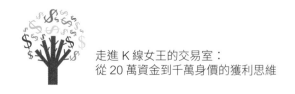

市場經驗的我，雷達頓時響起，心想我滿手的空單不就要被軋到外太空去！？

次日果不其然，台股大漲 378 點，當時漲跌幅限制尚在正負 7％內，當日漲幅高達 6.74％，有 788 家上市櫃公司漲停作收，但行程早已排定，加上次日適逢五一勞動節連假，我仍強忍著不安與恐懼繼續我的「散心」旅程。

返家後，抱著忐忑不安的心，等待連假後開盤嚴峻的酷刑，現實總是殘酷的，開盤那瞬間報價軟體如預期般大紅燈籠高高掛，我當下把還未漲停的空單不計價地回補，僅剩下遠雄（5522），因為一開盤就漲停鎖死到收盤，想補也補不掉，只能留待次日處理，但後續二日遠雄依舊開盤就漲停到收盤，一張也補不掉，我心中非常煎熬難受，因為我持有的空單數量不小，如果再繼續軋上去，必定破產無疑，所幸第三天開盤沒多久漲停打開，我才有機會將空單回補，這次的損失，僅用數日的時間便將我前四個月辛苦累積的獲利消耗殆盡，此時，我才深刻體會到師父時常告誡我們資金控管的重要。

在兩岸簽訂金融 MOU 後沒多久，師父身體出現狀況，需要安靜的休養，師父告訴我們：「緣起緣滅、天下沒有不散的筵席，我要去休養身體，這二年我所教你們的東西在金融交易上已非常足夠，你們現在僅欠缺市場的磨練；我也把我交易的核心精華、觀念傳授給你們了，未來有機會你們也要繼續傳承下去，不要讓好東西就這麼消失了。」

就這樣我與師父告別，獨自下山開始另外一段全新的交易旅程。

大徹大悟，自強不息

　　下山後，我看著手上所剩無幾的操作資金，頓時陷入深思：我的下一步該怎麼走？過去都犯了些什麼錯？我還擁有些什麼？一個個的問題成天在我腦海中打轉。就這樣過了一段時間，有一天，我突然想到師父常說，他在交易上的開悟是透過畫手工 K 線圖來的，既然如此，我就從畫 K 線圖重新開始練起，於是我備妥了畫圖用具與乾糧，花了整整九個月的時間，幾乎足不出戶，只要是醒著的時間，除了畫圖還是畫圖，這段時間為了保持靜心，我的手機始終保持關機，徹底與外界隔離。

　　就在第九個月某天的黎明時分，我已埋首畫了整夜的圖，告了一段落，我不經意抬起頭來望向窗外，這時突然射進一道黎明的曙光，剎那間我想起了師父曾說過的一句話：「日正當中黃昏將臨，黑夜過後黎明將至」，我似乎突然開悟，金融市場的漲跌變化不也是如此嗎？頓時間，有種「山重水複疑無路，柳暗花明又一村」的豁然開朗之感，此時，「金融漲跌循環模型」的輪廓已然在我心中成形。

　　為了驗證自己建構出「金融漲跌循環模型」的實用性，我開始重回市場，透過操作印證並且修正。就在 2011 年 1 月，發現安可（3615）K 線的動能開始放大，代表資金與人氣正在進場，而且所處的位置剛好在漲跌模型的底部，如果現在進場，搞不好可以經歷一個完整的漲跌循環，我發現它的時候，價位大約在 60 元左右，買進後買氣不斷湧進，

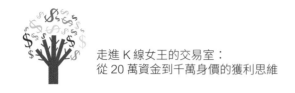

價位也瞬間被往上推升，短短二個月就從 60 元漲到 170 元，將近有二倍的利潤，這次我完整地抱滿整個上漲趨勢，雖然張數沒有以往多，但這次的獲利卻大大加深了我對「金融漲跌循環模型」的信心。

之後，我不斷透過實戰交易，證明這個模型的正確性與適用性，結果都令我感到非常滿意。在這個模型的基礎下，我把過往師父所教的技術，一點一滴的放入這套模型中，使這套模型不僅具有完整的架構，亦有豐厚的血肉。

當這套模型運用越來越純熟，我的操作資金也漸漸豐盈起來，這時內心已不如過往驕傲自滿，心態上反而更平靜淡然。因為過往重倉交易的陋習，讓我的資金起伏波動劇烈，時而大賺、時而大賠，所有的財富猶如過路財神，留也留不住，後來才深刻的體會到，能將賺取的資金保留下來，才是在交易漫漫長路上決勝的關鍵，因此，良好完善的資金控管方式就極為重要。

有段時間我專注看了一些中外典籍，如：《戰爭論》、《鬼谷子》、《孫子兵法》等等，希望汲取前人的智慧，讓自己的操作能更穩健踏實，這些書都有一個共同的特點，它們不是教導我們如何贏，而是告訴我們如何不要輸，這點影響我非常深，在這個準則下，我要想盡辦法不要輸，當資金無法再被市場拿走的時候，自然就會累積，所以我在資金控管方面，又建構出「益損比」、「敗中求和」、「弱中求勝」、「勝者更勝」等方法，自從有了這些方法後，我資金累積的速度逐步加快，甚至比以往重壓單檔個股還要快速且穩健。

回首來時路

　　這十七個年頭的交易路，過程曲曲折折、悲欣交集、憂喜參半，但我始終覺得我是一個很幸運的人，有「市場」這位老師持續的鞭策；還有恩師循循善誘的指引；與夥伴的相互學習扶持，這條路走來雖不輕鬆，但也不孤單，在未完待續的人生與交易旅程中，我將會記取每一次的教訓，不斷修正行走的軌跡，努力、勇敢地去探尋更多未知的領域。

Part
1

市場生存的法則
我的投資之道

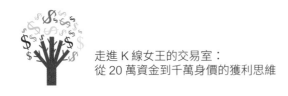

　　人對藏有祕寶的新大陸、既危險又迷人的交易世界總是充滿著無限的憧憬，前仆後繼地冒險前進，財富、名聲、權力、地位，這是數千年來人類追尋的夢想與目標，只要人們繼續追求著這個美夢，交易便永不止息。

　　進入交易市場的人皆有所求，所有人對財富的欲望，編成了一張錯綜複雜的網，但可曾有人去細數過，有多少人從事交易，僅是為了掀開其背後運作的神祕面紗？又有多少人投入交易，窮盡一生的努力，換來的卻是一場空？有多少人投入交易，真正達到財富自由？

　　我們都知道，在交易市場上，真正成功的人極為少數，失敗的案例在新聞媒體上更是層出不窮，不過大多數的人仍抱持著期望，隨著市場的波動漲跌載浮載沉；而成功者的分享和失敗者的經驗，使得市場上出現了許多交易定律和至理名言，大家都琅琅上口奉為圭臬，以下列舉一些常見的操作心法：

操作心法一：「別人恐懼我貪婪、別人貪婪我恐懼。」

　　問題是到底別人有多恐懼時，我才該開始貪婪？別人有多貪婪時，我才該開始恐懼？

操作心法二：「只有退潮時，你才知道誰是在裸泳。」

　　到底怎麼衡量現在是剛退潮、退潮中、還是退潮到最低點了？判斷誰在裸泳的標準又在哪？

操作心法三：「雞蛋不該放在同一個籃子裡。」

但卻沒有人告訴你雞蛋到底要放到幾個籃子裡？每個籃子又該放幾顆雞蛋？

操作心法四：「停損很痛，但不停損你會更痛。」

但面對虧損時，無論如何就是砍不下手，是設固定的成數停損？固定的金額停損？還是在有意義的點位停損？

這些名言早已是老生常談，許多投資人按部就班照著這些「準則」走，可是實行之後，投資心法卻時靈時不靈，這時才會發現事情並沒有想像中簡單，這些看似簡單的道理其實背後隱含著很多「眉角」，但大多數人都未曾想過這些細節，然而這些細節才是真正致勝的關鍵所在，若只依照表面文字、望文生義、依樣畫葫蘆，想要穩健獲利無非是緣木求魚、難上加難。

每個人都遇過「一買就跌、一砍就漲」的狀況，就像自己的單子被主力盯上一樣，把把都成了被主力收割的韭菜，到底為什麼自己總是最後一個倒楣鬼？只要在市場待得夠久，每個人都能說出各種賠錢的經驗：亂做的、下錯單的、聽信謠言的、被騙的、鬼遮眼的、太貪心的、All in 想賭一把大的等等，真正賺錢的故事少有，但賠錢的經驗幾乎是你有、我也有、大家都有。

縱使身邊充斥許多賠錢的案例，但仍有絡繹不絕的人義無反顧地投

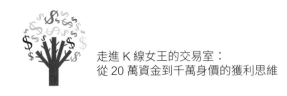

入市場，近年來甚至有年輕化的趨勢，「少年股神」隨處可見，產生一種錯覺，金融市場是個毫無風險的淘金場。

或許是大數據時代的來臨，報章雜誌、新聞媒體、通訊社群蓬勃發展，資訊取得極為容易，這些大眾傳播媒體為了吸引目光及點閱率，標題越下越鹹辣，聳動的標題環繞充斥在你我身邊，「少年股神教你賺上億」、「一位操盤手的告白」、「今年平均每位股民賺百萬」……導致一般大眾誤以為只要將錢投入交易市場，自己就能變成大賺傳奇故事裡的主人翁。

另一方面，要進入交易市場並沒有太大的門檻限制，只要符合資格就可開戶，戶頭有錢交割，就可進場買賣，整個過程不需受訓、考核，即使不懂相關的交易法規、制度也無妨；加上下單管道多樣，電腦看盤軟體、手機 APP 唾手可得，普及性及便利性讓每個想交易的人都能輕鬆下單，因此讓人產生「交易真的好簡單」的錯覺，以為「下單成交」等同於「交易獲利」，完全忽略了市場風險的危險性。

事實上，交易從心態培養、觀念建立、分析行情、挑選標的、下單進場、獲利了結、虧損認賠、資金分配、風險控管等等，每一個步驟都環環相扣、節節相串，只要有一個小地方做得不夠仔細精確，就有可能導致整個交易最終虧錢收場。

進入市場前，首先必須要瞭解，交易本是一個危機四伏且充滿挑戰性的工作，倘若只是單方面想著能從市場上獲取多少利潤，而沒有考慮

相對應的風險防範，將交易等閒視之，最終很有可能把自己搞得千瘡百孔、戰死沙場。

你的對手很可能是外資、本土法人、主力、大股東，這裡面不乏世界各國的頂尖人才，雖然你看不見他們，但他們卻是真實存在，可能就在螢幕的另一邊，隨時有機會與你的單子成交，然後從你身上拿走利潤，光想到這一點，就讓人覺得芒刺在背、不寒而慄。因此，交易更要講究「三思而後行」，在開始操作之前，需以各種角度考慮行情可能的變化，想遍所有可能的結果，確認當最糟糕的情況發生時，有相對的應變措施，再勇敢進場。

交易是一條孤獨的道路，在數不盡的夜晚，我手執禿筆一點一滴地寫下當日的操作紀錄和檢討，並思考次日的交易計畫。曾經我抱著發財夢而來到這個市場，起初嘗盡交易甜美的果實，但這甜美的糖衣後竟暗藏毒藥，讓我失意、敗落過，但始終澆熄不了我好勝的心，我就這樣日復一日的分析、檢討，年復一年的磨練。

曾幾何時，我竟能慢慢享受自己和市場的對話，對我來說，交易就像泡茶、品茶的過程，從燒水、燙壺、沏茶，乃至斟杯、聞香、品茶，每一步驟都必須極其講究，除了各個步驟必須純熟外，還需有能力將每個步驟流暢地一體合成，才能成就出一杯色澤澄淨、味道清香、入喉回甘的功夫茶，我將這十七年所見、所聞、所思、所想的經歷經驗，泡成一杯功夫茶，願在交易路上奮戰的有志者，能得些許的滋潤與清涼。

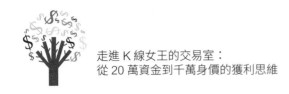

　　進入市場，投資者人人希望大賺，但要大賺累積億萬身家並非一蹴可幾，過程有很多難關需要克服，既然大賺的目標不是一朝一夕可以達成，投資人不妨先靜下心來，檢視一下自己當前的交易狀況，是大賠、小賠、小賺還是大賺？

　　所謂「知己知彼，百戰不殆」，先誠實面對自己的交易狀況，從中找出交易的盲點並予以改進，才可以穩健地邁向大賺之路；因此，本篇開頭先討論大賠、小賠、小賺、大賺四個階段的特徵、問題與改善的方法，提供讀者檢視交易現況的依據與改善前進的方向。

　　此外，要成就一筆成功的交易，並不單只是擁有高超的分析技術就能完成，除了分析與買賣的「技術技巧」外，投資人的「心態認知」與「資金控管」亦同等重要，這三者稱為「交易金三角」，是交易的基石，也是交易的必修功課；因此，本篇的後半部討論「交易金三角」的意義與應用。

交易四階段：
大賠、小賠、小賺、大賺

時間	事件	加權指數	漲跌幅度
2007 至 2008	次貸危機、金融海嘯	9,859 至 3,955	-60%
2008 至 2010	美國 QE 政策、兩岸簽訂金融 MOU	3,955 至 9,220	+133%
2011	歐洲債務危機	9,220 至 6,609	-28%
2015	希臘債務危機、中國美國股災	10,014 至 7,203	-28%
2018	中美貿易戰	11,270 至 9,319	-17%
2020	COVID-19	12,197 至 8,523	-30%
2020 至 2021	無限量 QE	8,523 至今	未定

製表時間 2021 年 8 月

　　上表是這十幾年來，國際金融市場發生的大事件對台灣股市影響的整理。從這個表可以知道，每當國際金融市場有所變動，台股都深受影

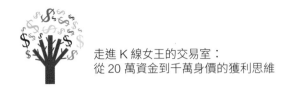

響，無法置身事外。

　　每次股市劇烈波動時，就會有人大賠、小賠，當然也會有人大賺、小賺，其實大賠、小賠、小賺、大賺是投資人通常會歷經的四個階段，各自有相應的交易特徵，如何改善缺失，逐步脫離大賠、小賠往小賺、大賺邁進，則是每個投資人必修的功課。

　　而你的交易狀況是處在哪個階段呢？讀完下列說明，你將會瞭解自己問題的癥結，知道改善的方向，往賺錢之路邁進。

大賠的投資人

綠色雖然給人一種清新潔淨的感覺，但如果看到交易帳上一片慘綠，不免有種「唉，怎一個愁字了得」的心情，是哪裡出錯才會陷入如此的窘境呢？

處於大賠階段的投資人，很大的原因出自於缺乏獨立思考與分辨、判斷行情的能力，因此很容易聽信明牌就跟風追買，買進股票後就開始期待行情往上飆漲，稍微上漲的時候就已經在刷餐廳、訂飯店，準備要去狂歡度假了，用過度樂觀的心態去看待未來的行情走勢。

「樂觀」與「希望」本是能克服困難的正向信念與力量，但放在金融交易上有時卻是最毒的毒藥。因為投資人在買進後，會傾向堅信行情將會朝著美好的方向開展，即使現在不漲，不久的將來也會漲；即使現在小小的套牢，也不足為懼，只要堅持長期持有，把股票抱好、抱緊、抱牢，將來有一天一定會獲利。

這份樂觀容易使人失去戒心，而過度的預期美好更會蒙蔽雙眼，多數這類的投資人在買進股票前根本不會預想停損點，也不會考慮萬一行情開始下跌，導致股票被套牢，又該如何處理。

因此在虧損的過程中，眼睜睜的看著未實現虧損的數字越賠越大、虧損成數越來越誇張，直至心情已經難以負荷、心如刀割，才恍然驚覺這筆交易不過是場世紀大騙局，你對媒體和報明牌的人開始破口大罵，

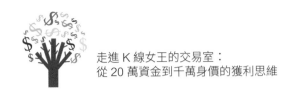
但最後會發覺這根本無濟於事，緊接而來的是從憤怒轉為無止境的後悔，懊悔自己一開始沒有想清楚就衝動進場，更伴隨各種自責、內疚，到最後陷入無止境的絕望。

可惜千金難買早知道，往往走到這一步時，帳面上的虧損已經大到不知道該怎麼處理，甚至連面對的勇氣也早已蕩然無存，而此時的大絕招就是「長期投資」，心態上更會開始自我安慰：反正都套這麼多了，只要不賣出，就「還沒有」賠，等行情將來「漲回來」，拿回成本後，再出清賣掉就好，我還沒有輸，沒錯！我還沒有輸……

自古以來驕兵必敗，認清自己在市場上的渺小，是進入市場前必備且重要的心態，通常會大賠的人總是過度預期美好，而且越是不服輸，通常輸得越慘；因此，大賠階段的投資人必須先想方設法讓自己不要受重傷，進場前先想好停損點在哪、停損的金額是否可以承受、價位打到停損點時是否能如實地停損出場，如果能確切做到以上三點，脫離大賠的階段就不遠了。

重 | 點 | 結 | 語

- 處於大賠階段的投資人，要突破的關卡為：先學會「停損」，並且嚴格執行。

小賠的投資人

小賠與大賠之間，最明顯的差別就是小賠的投資人已經開始懂得停損，並且深刻知道投資操作絕對不能讓本金消失殆盡，在買進股票後，會先設好停損點，真的到了要停損時，也能果決出場。常見的停損方式有：

1. 固定虧損百分比停損法，例如：進場後虧損 20% 即出場。
2. 固定虧損金額停損法，例如：進場後虧損 10 萬即出場。

不管是哪一種停損方式，只要願意在進場前先想好停損，且嚴格執行停損計畫，就能開始遠離大賠的慘況，只要能遠離大賠，就有一定的自保能力，不會輕易被市場無情地掃地出門，「戲棚下站久了，有一天舞台就是你的」，先想辦法在市場上存活，才有餘力去思考如何賺錢，乃至於賺大錢。

不過，市場上有些投資人明明懂得停損，也會執行停損，但最後還是把本金輸光光，原因就是累積太多次的小賠，過度頻繁交易，於是積少成多，最終把無數次的小賠累積成了大賠，賠掉太多手續費、交易稅、股票價差等等，即使每次都是小虧收場，但耗損大量的交易成本，最終仍擺脫不了大賠的噩夢。

因此還在小賠階段的投資人，可以檢視自己過去的交易狀況，如果懂得嚴格執行停損，現階段只有小虧損，恭喜您，只要搭配更好的選股

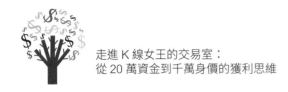
方法，找到更好的標的，並調整買進股票的時間點，找到更好的進場點去切入，便有機會漸漸邁向獲利之路。

因為小賠的投資人，已經可以嚴格執行停損，若只是因為過度頻繁交易，導致耗費過多的交易成本，只要想辦法提高勝率，並降低出手的次數，就有辦法慢慢地獲利累積起來。

1+3=4　重｜點｜結｜語

- 處於小賠階段的投資人，要突破的關卡為：增進自己的分析能力，提高交易的勝率，並且在有把握的行情下才出手買賣。

小賺的投資人

交易幾年下來還能維持小賺的投資人，其實已經算是市場上的贏家了，能在市場上維持獲利的人真的是少之又少，小有獲利的投資人可分為兩種：

1. 長期投資績優股，領取穩定配息，用時間創造出利潤。
2. 短線操作，不貪多，只要有賺就跑，持續來回賺小利潤。

若是屬於第一種長期投資型的人，是用時間去換取金錢，並且會有錢滾錢、利滾利的效果，只要標的選得夠好，假以時日便能累積出可觀的利潤與豐厚的報酬。

若是屬於短進短出、有賺就跑的人，則不一定會邁向大賺，因為有賺就跑的方式，雖然看似不貪心，獲利也有機會積少成多，但實際上要維持高勝率的一直小賺是非常困難的，這當中只要做錯幾次，萬一又稍有猶豫而不肯認錯停損，很快就會侵蝕過往的獲利，甚至轉盈為虧，績效遊走於賺賺賠賠間，浮浮沉沉，難以累積成大賺。

大多數的短線投資人都會落在小賠與小賺之間，載浮載沉很長一段時間，甚至一輩子都深陷其中，主要原因大都是缺乏完整且有效的交易邏輯，以及對金融市場運作本質沒有深入理解，因此會以自己本身的想法為主，用單一且慣用的交易方式去應對所有走勢。

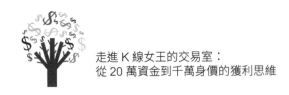
　　一般最常見的交易方式就是看到行情上漲就去追高，突破就買進，但從不考慮停損點，當帳戶上發生虧損了，卻沒有合理的停損邏輯，因此很容易在虧損到心理受不了時，認賠殺出，但一賣又賣在短線上的低點。

　　如果使用「創新高追價」的交易策略，應用在大多頭行情時，尚可累積利潤；但假若行情已經轉入整理格局，或者下跌趨勢格局，那麼「創新高追價」這一招顯然就不適用。

　　大多數人無法分辨趨勢方向，自然也就無法找到漂亮的進出場點，往往下單有賺，就賣出跑掉，完全不想後續的走勢，導致目送後面一大段的行情。此時更應該去思考，賣在哪裡是對的，目的是在保護獲利或是減少虧損；賣在哪裡是錯的，為何太早離場導致目送後面的大行情。

1 + 3 = 4　重丨點丨結丨語

- 處於小賺階段的投資人，要突破的關卡為：學會認清趨勢，同時累積做對的次數並且嘗試做得更完美，更加要求進出點位置的精準性，建立一套合理的交易邏輯。

大賺的投資人

　　既然已經可以獲利了，為什麼卻還沒大賺？通常是對買賣的進出點位不夠精細，隨意買進，一有獲利就亂跑，缺乏一套合理且具系統的交易邏輯。當在小賺階段積累一段時間後，大概就可以摸索出一套可以穩定賺錢的方法，這時只要再能建構出一套合理且具系統的交易邏輯，獲利率自然就會提高，由本來只能賺一根 K 線幅度的利潤，慢慢往一段甚至整個趨勢波段的獲利邁進，漸漸走向大賺之路。

　　確立好交易邏輯與獲利模式，重複的事一直做，錢就會越滾越大。然而，當資金部位大到一定程度時又會有新的問題產生：

1. 操作單一點位，增加張數：複製成功經驗、利潤放大化。
2. 分批進場，部分資金加碼：利潤放大化、風險再縮小。

　　若是以第一種方式操作，複製過往做對的經驗，並且將資金放大，賺取的利潤就會跟隨資金部位的大小而倍數成長，達到大賺的結果；不過原本設立的停損，也會因為資金放大而導致虧損增加，此時要將做對大賺的錢保留下來，就會相對困難，不僅是對技術的要求更高，還要看市場行情願不願意賞臉，倘若有突發狀況或是壞消息出籠，仍有機會受到重傷。

　　用第二種方式操作的投資人，不僅具備複製成功經驗的能力，更是將「先想守，才出手」的必勝心法融會貫通，只要在市場上能立於不敗

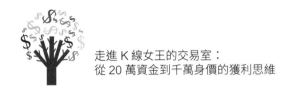
之地，離成功就不遠了，除了原有的停損設計外，利用分批進場的方式來降低風險，以縮小看錯行情時停損的金額，相較第一種方式更為穩健。

使用這兩種方法的投資人都有大賺的機會，但是側重的目標不同。

第一種方法是以獲利為考量：「我今天買一張能賺 3 萬，十張不就是 30 萬了嗎？」

第二種方法則是以虧損為考量：「我今天一次買十張，看錯要虧 30 萬，但若我分批買進，萬一看錯行情，不就可以少賠了嗎？」

很明顯的，使用第二種方法的投資人長期下來，比較有機會把賺來的錢守住，不會因為不小心看錯太多次，又回到大賠的階段。

重 | 點 | 結 | 語

- 處於大賺階段的投資人，要精進的關卡為：如何才能將大賺的錢守住，不讓自己因為資金放大而失去對虧損的控制程度。

　　下圖是交易的四個階段，及每個階段要突破關卡的整理，可以思考一下自己目前處於哪個階段，以及要突破的問題，精進自己的交易技能，穩健地往大賺的方向邁進。

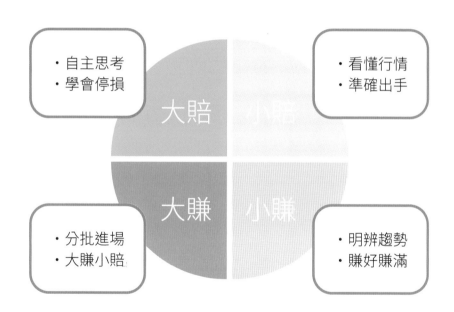

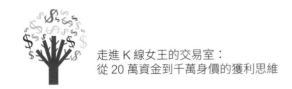

▎認識交易金三角

　　在交易的道路上，每個人的境遇雖然不盡相同，但一定都會遇到難關，在經歷了各種大大小小的戰役後，從這些勝仗和敗仗的經驗中汲取教訓，漸漸修改自己的交易習性與慣性。過去十七年的交易歲月裡，我無時無刻不在檢討每筆交易賺賠的原因，將之歸納分類，淬鍊出「心態觀念」、「技術技巧」、「資金控管」是影響交易勝敗的三大面向，我將之命名為「交易金三角」。

　　交易上遇到的疑難雜症、問題難關都涵蓋在「交易金三角」裡，當你覺得在交易的路上卡關了，虧損連連、諸事不順，此時不妨停下腳步，在「交易金三角」的架構下找尋自己交易問題的癥結，找出修正改進的方向。舉例來說：

　　「不知道如何選擇操作標的」，這是屬於「技術技巧」的問題。
　　「買進後一路虧損卻不認賠停損」，就是「心態觀念」的問題。
　　「重壓一檔股票『賭』未來行情」，則是「資金控管」的問題。

　　找出問題所在，才有辦法對症下藥，改正錯誤，精進自己的操作，漸漸摸索出屬於自己的交易哲學。

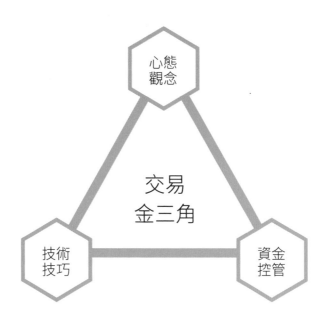

　　上圖為交易金三角的簡易圖示。顧名思義，交易金三角是由「心態
觀念」、「技術技巧」、「資金控管」三大主題所構成，各自獨立卻又
相互影響，而這三大主題可再細分成六項子題，分別為：心態、觀念、
技術、技巧、資金、控管，以下就這六項子題逐一論述。

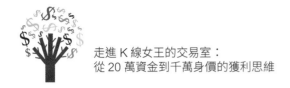
 心態：個體思考、內心想法

「一艘沒有航行目標的船，任何風向都是逆風。」

　　就像在研究所推甄口試時，教授最愛問的問題，不外乎就是「你為何要選擇本校？為何要就讀本所？」；或是在畢業後的求職面談，公司主管面試新人總會問：「你為何要選擇本公司？」這些問題背後的含義其實都是在確認，你是否清楚自己的目標，是否有堅定的態度往這個目標邁進。

　　在面對教授或是主管，我們總習慣口是心非，用華麗詞藻堆疊出動人的理由，以此讓自己的錄取機率提高；然而，在交易的這條不歸路上，應該要知道自己踏入市場的目的：「為何而來？所求為何？」無需遮掩、無虛粉飾，唯有清清楚楚、明明白白知道目的所在，心態才有可能健全，往目標穩健地邁進。

　　心態在交易決策上影響甚廣，但最重要的是要先確認自己是抱持著什麼樣的想法或態度進入到這個市場；無論操作什麼商品，要清楚知道操作的理由，是抱著從眾的心態，看著身邊朋友投入，就想自己也試試看？還是抱著致富的想法，甘心沐浴在這可以實現欲望的血池？還是抱著學術研究的態度，分析各種指標、報表，僅是為了作為一種茶餘飯後的樂趣？

　　請記得你進入市場的初衷，因為一開始的初衷將深深影響你日後的

操作思維。對大多數人來說，進入市場最主要的目的是「賺錢」，進入市場想要獲取利潤本就天經地義再自然不過了，但「賺錢」真的那麼容易嗎？這有待商榷，因為存有三大難題必須克服。

- **難題 1　賺錢不易**

　　根據某證券公司的統計，在長期交易的情況下，有 95% 的股民都是賠錢的，僅有 5% 的人獲利或持平，這意味著只有不到 5% 的人在這個市場上獲得正報酬，因此，若想從交易市場賺錢，必須打敗 95% 的參與者，將自己成為那為數不多的人之一。

- **難題 2　好的進出場點位很難掌握**

　　當體認到市場贏家為數不多，就會想方設法的尋找一套可以長期擊敗市場競爭者的操作方法，這套方法就會成為支持你進出場的依據理由。但理由千百種，可能是道聽塗說，藉由小道消息、內線消息而來；或是神來一筆，憑感覺進出；也可能是藉由基本分析、財報分析或是技術分析來判斷，將所知道的知識統統套用上去，抱持著不管是「黑方法還是白方法，只要能賺錢的就是好方法」的想法買賣進出，沒有正確的信念思想，如此一來，操作時間一旦拉長，就會發現所有的方法互相打架，莫衷一是，要找到一套穩定且有系統、可以掌握良好進出場點位的方法是相當困難的。

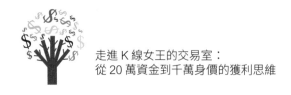

- **難題 3** 「培養獨立思考、不從眾的能力」

倘若市場上有 95％的股民是賠錢的，意味著想賺錢就必須成為那不到 5％的投資人，這是非常不容易的，因為你必須先有「不從眾」的勇氣。相信大部分的人都有搭手扶梯進捷運站的經驗，「右邊站立，左邊行走」，已經是一個不成文的文化，但你有沒有勇氣在眾目睽睽之下站在左邊，並且跟後面要行走的人說：「在電扶梯行走是一件危險的行為，且兩側都站立，對機器設備比較好」，我想這並不是一件容易的事，因為「從眾」是一種將對錯成敗轉嫁給他人一起承擔最好的藉口。

而交易市場亦是如此，當全市場都一片看好未來行情走勢的時候，你是否有辦法嗅到那一絲危機，即便你做了透徹的分析，強烈地支撐你的看法，但和市場上多數人想法相異時，你不僅會感到孤獨，甚至有時還會被嘲笑，到後來甚至會懷疑起自己的看法，那股莫名的孤獨恐懼感無時不侵蝕著你脆弱的心靈，能否「不從眾」勇敢忠於自己的分析，並採取相對應的買賣行動，是件非常困難的事情。

以上這三道難題分別對應進入市場應有的「心態」：

- 第一道題是「**覺悟**」，立志進入市場就要成為那頂尖的少數人；
- 第二道題是「**方法**」，要去找尋一套適合自己的交易邏輯；
- 第三道題是「**獨立**」，獨立思考並建立自己的交易方法，不隨波逐流、人云亦云。

　　這三大難題解決後，仍有許許多多「心態」問題需要去逐一克服，例如：進入市場人人都希望「賺錢」，在高低價差間獲取利潤，但當行情走勢不如己意，常常就會陷入拗單模式，越陷越深，違背了進入市場「賺錢」的初衷。

　　在持有倉位的當下，就好比喝了一杯長島冰茶，微醺的同時往往就沒有那麼遵守紀律，看著價位上下抖動，雖然知道自己是來賺錢的，但總是在賠錢時就會蒙蔽自己，覺得這只是暫時性的失敗，只要沒有賣出，就還沒有輸，從短期操作賺取價差，演變到最後「一張不賣，奇蹟自來」的長期投資，這就是典型的「心態錯誤」。

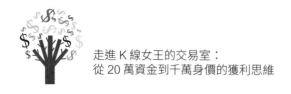
 觀念：交易規章、市場運作

　　此處的「觀念」，是指市場的運作規範，由前人訂定、後人修改的規則、規章，身為一個交易者，對於市場的運作規則都應要有一定程度的認識。

　　不同的交易市場有不同的運作機制，以台股為例，交易時間為周一到周五、每日早上九點到下午一點半、一日內最大的漲跌幅在正負 10％之間、有標示現股當沖的個股才可當日沖銷等等，這些基本的市場運作機制和交易制度，常常會在你不熟悉的情況下默默捅你一刀；有些衍生性金融商品，還存有槓桿風險、流動性風險、時間價值等問題，這些問題在進場操作前必須都要弄清楚，否則很容易吃上大虧。

　　除了交易的法令規章、商品的特性外，市場買賣運作的原理也是「觀念」的一環。到底先有買還是先有賣？商品行情為什麼會漲跌？什麼是價值？什麼是價位？這些看似「無厘頭」或是「常識」的問題，其實蘊含著無限交易的寶藏。

　　舉例來說，何謂價值？每個人對特定的事物都存在一定的價值觀，這個價值觀會受環境、時間等因素影響而有所變化，比方說：超商所販售的茶葉蛋長久以來都是 10 元，所以茶葉蛋在你心目中的價值轉換成金錢就是 10 元；倘若同一顆茶葉蛋換成是在登山口販售的高山茶葉蛋，在飢腸轆轆的登山客眼中，這顆茶葉蛋的價值瞬間提升，願意付出

的金額可能是 30 元，甚至是 50 元，所以價值是主觀的，在每個人心中隨著時空環境的不同而有所差異。

什麼又是價位呢？以茶葉蛋為例，茶葉蛋的「價值」只是個人主觀上一種模糊的概念，沒有透過買賣交易，就沒有辦法把這模糊的想法轉換成大眾所熟知且可供衡量的金錢單位。當你進入超商付了 10 元給店員，店員把茶葉蛋給你，這就是把「價值」轉換成「價位」的過程，10 元就是市場上大眾對這顆茶葉蛋所認同的「價位」。

有了「價值」、「價位」的觀念，就可以將之應用於交易市場，由商品的成交「價位」推估大眾內心對其「價值」的想法，知道大眾內心的想法，就可以推算出大眾對商品可能認同的「價位」，據以擬定交易買賣的進出點位。

舉例說明，開盤價是盤前市場參與者集合競價，滿足最大的成交張數所定出來的，意即開盤價是盤前多數人所認同的價位，因此，我們可利用開盤價去驗證市場消息的實際影響力，並判斷其真偽；例如：某檔個股盤前流傳利多消息，開盤開高符合利多的預期，但若開平甚至開低，心中就要所警覺，這個利多消息究竟是真有其事，或者只是一顆市場的煙霧彈。

「觀念的錯誤」可分為兩大類：

一類是對交易章程、規則、法令懵懵懂懂、不清不楚就貿然闖入市

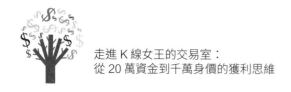
場，在這種狀況下很容易遭受制度無情的對待，嚴重者甚至可能導致信用瑕疵，而無法繼續在市場交易，無論新手或老鳥，未來在操作接觸新的商品前，一定要提醒自己，先搞懂遊戲規則再進場。

另一類是市場買賣運作的原理，這些原理很多看似淺顯平常，但如果可以把這些基礎原理想通，消極來說可以讓你明哲保身、安然處市，積極而言可以讓你早一步洞悉市場的變化，進而提早行動獲取利潤。

「心態」屬個體，是自身進入市場的目標與想法；「觀念」屬總體，是市場運作的規則與原理。當內在的「心態」與外在的「觀念」可以互相搭配，運用得宜，交易者自然會做出正確且完善的買賣決策。

技術：解讀市場、客觀分析

交易市場宛如一片茫茫大海，大多數的參與者只是駕著一葉扁舟，手持木槳用力地划，卻敵不過那突如其來的浪潮，市場上有太多隱蔽和不可測的變化，想在這裡生存，首要條件就是必須要有「審時度勢」的能力。

要有「審時度勢」的能力，就必須擁有分析行情漲跌的「技術」。例如：在行情下跌的過程中，擁有技術能力的人，可以在相對安全的點位，勇敢買進搶得先機，獲得比別人更多的超額利潤；但在沒有技術能力的後盾下，又加上沒有停損概念的時候，勇敢買進僅能說是有勇無謀的行為，前後兩者有巨大的差異。

交易分析技術的範疇很廣、方法眾多，以我個人而言，我是以 K 線買賣力道的變化，來判斷行情的漲跌，並作為買賣進出的依據，因此厚植 K 線解讀的能力，就是我培養「技術」能力的重心所在。

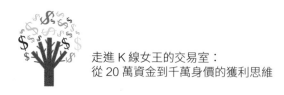

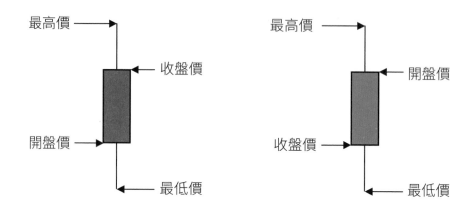

　　K 線是如何構成的呢？如上圖所示，K 線是由四個價位所組成，分別是開盤價、收盤價、最高價、最低價。而 K 線漲跌的定義，就是收盤價高於開盤價為漲，通常以紅色、白色表示；收盤價低於開盤價為跌，通常以綠色、黑色表示。

　　「K 線以最簡潔的方式，去呈現市場的變化。」無論你基於什麼理由進場操作，消息面也好，技術面也罷，或是讀財報、產業研究，進行基本面的分析，最終都要進入市場買賣，只要有成交，買賣紀錄就會展現在 K 線裡，這個化繁為簡的符號，忠實表達了當日市場買賣多空力道的消長。

　　K 線雖然僅是一個簡單的符號，但開盤價、收盤價、最高價、最低價都有它的內在意涵，必須抽絲剝繭，瞭解其本意，觀察其含義，並且找出在 K 線條圖上所表達的互動意義，才能解讀 K 線要傳達給我們的市場訊息。

　　單看當日 K 線的漲跌並無法分析推理未來的漲跌走勢，而是要從金融商品開始上市的第一天去認知它歷史價位的高低變動、趨勢的轉變、現在的位置、現行的走勢，之後再深入觀察近期漲跌力道消長與其速度快慢，才有辦法推理出漲跌方向，以擬定買賣進出的策略。

　　再者，不同周期的 K 線圖，功用不同，各司其職，需將周、日、時、刻 K 線圖分別解析，並予以組合，方能正確判斷出漲跌方向，並擬定進出策略，不同周期的 K 線圖，其功用可以用下列四句話表達：

周線看大勢，日線尋幅度；
小時找撐壓，刻分進出點。

　　這四句話也是看 K 線圖與分析行情的步驟，先由周線定出現行之趨勢，是漲勢、跌勢還是盤整勢，判別現行的多空趨勢方向；再由日線尋找多空的利潤幅度；利用小時線找出支撐與壓力；並由刻線觀察流程的漲跌強弱，決定最終的進出場點位。

　　「周線看大勢，日線尋幅度」歸屬於「分析技術」的層次。

　　無論任何商品，想要操作它，第一步就是要判斷趨勢，剛開始可用二分法將之劃分成「行進勢」與「整理勢」，行進勢又可分成「上漲行進勢」與「下跌行進勢」；而整理勢可分為「低檔力量整理」和「高檔力量整理」，不同趨勢有其相對應的操作邏輯與方法。

　　例如：於上漲行進勢中，應以做多為主，操作上除了會追買突破壓

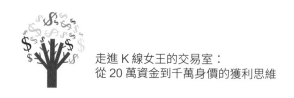

力線後的「**發動力**」外，其餘都不應追高買進，而是要等待走勢回檔，確認回不下，買氣湧入時再進場買入，這樣的做法能夠使停損幅度縮小，降低所要承受的虧損風險，並藉此提升「益損比」；然而當趨勢為整理勢時，操作邏輯就轉變成買支撐、賣壓力或空壓力、補支撐，由此可知，行進勢與整理勢的操作方法截然不同。

名詞解析

• 發動力

指將趨勢由「整理勢」轉為「行進勢」的重要 K 線，亦可稱為「發動 K」，示意如下圖。

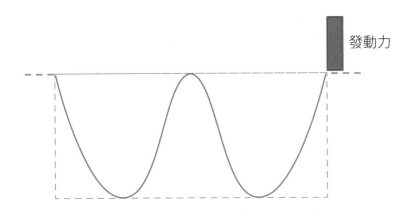

發動力

• 益損比

指透過技術分析，找出預期的「獲利點位」與「停損點位」，兩者相比之值，稱為「益損比」。例如：觀察分析某檔個股，預期獲利 30 元、停損預期虧損 30 元，益損比為 1：1，在這種狀況下，表示賺 1 塊要承擔損失 1 塊的風險，顯然不是一筆划算合理的買賣，這時就想放棄進場操作。通常益損比最低要達到 5：1，也就是預期獲利 5 塊，預期虧損 1 塊，才有進場操作的價值。

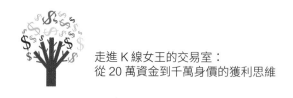

　　判斷完現行趨勢後，就要進入日線尋找可能的利潤幅度。舉例來說，當行情走勢在低檔經過長時間的醞釀組合，從低檔發揮了這股力量將價位往上推升，由整理勢轉為上漲行進勢，可以利用低檔力量整理的高低幅度，來估算第一個上漲行進段的漲幅，當第一段漲幅滿足於低檔力量的型態幅度形成回檔後，買氣再次湧進準備延伸第二個上漲行進段時，就以第一個上漲段的漲幅作為參考基準，來預估第二個上漲段的滿足點位。

　　因為有前段幅度做參考，所以當第一個上漲段回檔結束，買氣湧進，準備延伸第二個上漲段時，此時買進不僅停損價位非常容易設定，預估的獲利幅度也非常明確，當行情走勢如預期上漲，就可以在幅度滿足的點位附近，準備將手中的持倉先行獲利出場，之後再觀察回檔的強弱與幅度，決定是否再次進場買進；進場買賣前若能如此分析，因為對行情未來走勢發展大致的輪廓已胸有成竹，心態上便比較不容易受到盤中流程間的高低震盪所影響，操作就會更加穩定踏實。

「小時找撐壓，刻分進出點」歸屬於「進出技巧」的層次。

　　當由周線與日線瞭解商品的格局與預估的獲利幅度後，接著利用小時線找出支撐和壓力的位置，並在圖上標記，觀察走勢碰觸撐壓的反應，作為未來進出點位的重要依據。

　　經過周、日、時線的分析後，預設的買賣點位大略已被畫定出來，此時可用刻線（15 分線）與分線（5 分線）觀察流程間的檔位進退與買

賣強弱，決定最後的進出點，如此可以把停損價位控制得更精細，進一步提高操作的益損比。

以上僅為 K 線部分的分析技術、技巧，實際上這些看似簡易的概念，背後都有環環相扣的邏輯，不管何種分析技術，都要先把大致的方法輪廓掌握住，之後再慢慢深入探討，學技術切勿操之過急，通常都要搭配經驗的累積，甚至是對賠錢單子做深入檢討，找出操作的盲點後，才會慢慢進步。

但學了技術分析後，很多人都會犯了一個毛病，就是把技術奉為圭臬，當行情走勢與分析的結果背道而馳時，就會開始怨天尤人，覺得市場怎麼可能走出與技術分析相悖的走勢，這其中一定有詐等等。其實行情怎麼走是由市場決定的，技術分析僅是提供我們一個工具，作為設計進出的依據，而且一個完善的交易除了「技術技巧」外，還受「心態觀念」、「資金控管」所影響，技術技巧在交易行為的重要性，充其量也僅占三分之一而已。

因此，事前分析行情，盡量用客觀的角度去理性推理，事後行情走出來，無論是否如意，都應坦然面對，照著事前預設的停損停利計畫果決地去執行。

那究竟要如何客觀的分析行情呢？有一次我詢問了幾位朋友。

「你們喜歡紅 K 線還是黑 K 線？」

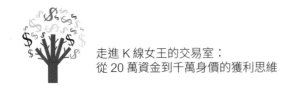

「當然喜歡紅 K 線，誰會喜歡黑 K 線。」一位朋友毫不猶豫地答道。

這也道出一般大眾的想法，因為大多數的人喜歡做多，自然喜歡紅 K 線，但「上漲」與「下跌」在交易市場本就是共存的，有買才會有賣，有漲才會有跌，漲跌本就一體兩面，只是時間發生的先後順序罷了；所以在分析行情、推理漲跌時，一定要屏除自己對多空先入為主的喜惡，用超然的態度解讀行情，才能做出正確的判斷。

試想一下高掛在天空的太陽，「太陽從東邊升起」、「地球繞著太陽轉要花 365 天」、「地球的自轉造成日夜更迭」、「地球的公轉形成四季變化」，這些自然定律是人類透過客觀的觀察得出來的結果，無論你的喜惡為何，絲毫不會影響太陽的運行，同理，你對漲跌的喜惡，也不會改變市場的行情。

商品行情的高低變動是人類進場交易的結果，但大部分的人僅是行情走勢的隨勢者，就好像是站在地球上的人類，控制不了日月星辰的變化一樣，隨勢者也控制不了行情走勢的變動，我們所能做的僅能回到 K 線圖，觀察 K 線的變化，做出理性的推論，藉此擬定買賣的進出策略。

「技術」主要是提供給自己一套客觀的分析方法，去瞭解過往漲跌的軌跡，理解現在的趨勢，並推演未來漲跌的變化，屏除主觀的喜惡，聆聽市場的聲音，做出正確的判斷，讓自己在交易的路上更穩健、更踏實。

技巧：進出設計、精益求精

擁有技術之後，便要往「技巧」邁進。換言之，技術是技巧的根本，技巧是技術的精華。究竟什麼是技巧？在生活中你什麼時候會用到技巧？比如今天到製作陶瓷杯的工作坊，想要體驗做杯子，所做成杯子的形狀，需要就是技術，但要把這個杯子做得漂亮，顏色光澤要夠吸引人，這其中的細節就要端看個人的技巧。

投射到交易市場，藉由 K 線的分析，選擇了準備交易的標的，而且知道該項商品未來可能的漲跌方向，但精細的進出點位，就有賴經驗的累積，這部分就歸屬於「技巧」的範疇。

當技術到達一定的程度，自然而然就會追求更純熟的技巧。100 元買進跟 100.5 元買進差不多嗎？ 3%的停損跟 5%的停損會一樣嗎？當操作資金只有 100 萬的時候，可能會覺得 3%跟 5%算出來的數字沒有差很多，但當資金擴增成 1 億的時候，3%跟 5%的差異就非常大，些微點位的差距都需斤斤計較，這時「技巧」就越顯重要。

接下來透過單日 K 線分析的例子，瞭解「技術」與「技巧」之間的差異。

單日 K 線共有 16 種，其中上圖這種 K 線稱為「陽高炮」。陽高炮的形成是當天開盤開始，先經歷了一陣賣壓，將價位不斷往下壓低，跌到某個低點後，有人開始進場承接，使得價位不再往下跌，反而漸漸將價位往上推升，先推升至開盤價，買氣仍持續湧入，延伸續漲，最後收盤時收在當日的最高價；上述盤中流程間的走勢，透露出許多資訊，可藉由這些資訊推演出次日可能的漲跌方向。

從上述當日盤中的流程走勢可以知道，剛開盤時賣壓強，把價位壓到低點，但買氣湧入將價位推升，而且推升至當日的最高點，表示買氣遠強於賣壓，次日很有能力順著個股買氣延伸續漲，這個推理的過程稱為「技術」。

當推理出次日偏漲的機率較大後，接下來的問題就變成：「為什麼要進場？」「進場了，後續的動作呢？」「何時要出場？」

第一個問題：「為什麼要進場？」要考量的是事前分析是否完善？分析是否縝密？理由是否充分？「益損比」夠不夠好？這些要素都將左右你最終是否進場的決心。

第二個問題：「進場了，後續的動作呢？」要考量的是持有期間動態管理的計畫是否完善？行情走勢雖千變萬化，但無論出現何種走勢，都逃脫不了你的計畫網，何時該加碼、何時該平倉；都應該事先規畫。

第三個問題：「何時要出場？」則是離場情境的預設，這可分成兩個面向：一是當產生獲利時，幅度滿足點在哪？在何種情境下，幅度雖尚未滿足，但因其他因素必須先行離場；二是「停損點位的設立」，這點比預設獲利的滿足點更為重要，要賺錢就要先想怎麼賠錢，但怎麼賠得少又有意義，這就要依靠「技巧」。

以陽高炮為例：開盤賣壓沉重，將價位壓至低點，但買氣湧入將價位推升，收盤時收於當日的最高價，表達買氣遠強於賣壓，從這個流程走勢可以知道，引進買氣的地方是在陽高炮「下引線」*的最低價，如果後來賣壓強勁，下引線的最低價被跌破，連引進買氣的地方都失守，表示賣壓已遠勝於買氣，此處為多頭最後的防守點，應設為停損價，被跌破後多單應盡速離場，此即為「技巧」之應用。

「技術」是盤前的靜態分析，尚屬在瞭解、分析、計畫的階段，還未實際進場買賣，並不會產生任何賺賠；「技巧」則是盤中的動態調

---

* 前述有說明 K 線是由開盤價、最高價、最低價、收盤價所構成，如果收盤價高於開盤價就以「實體紅線」表示，收盤價低於開盤價則以「實體黑線」表示，最高價和最低價會用「引線」，亦稱為「影線」顯示。「影線」我們通常會用在廣義偏抽象思考，表現明暗的暗力道。而引線，則用在狹義，專注說明單根 K 的上下方的線。

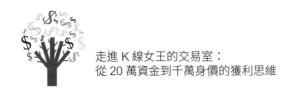
整，包含即將進場、已經進場、即將離場、已經離場四個階段，因已實際進場，所以會產生賺賠，而賺賠的多寡，常常取決於「技術」與「技巧」的應用是否嫻熟。

K 線小教室

前文中，我們提到了很多對技術和技巧的概念，以下就常使用的術語和判讀方式做簡要的說明。

 16 式單日 K 線

行情每日的交易紀錄可依開盤價、收盤價、最高價、最低價，變化出 16 種不同形式的 K 線，各有其本意，整理如下圖。

- **明四陽**

陽實體	陽反轉	陽高炮	陽轉機
穩定上漲	上漲受阻	速度上漲	上漲不穩

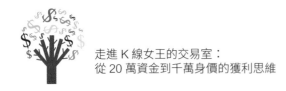
走進 K 線女王的交易室：
從 20 萬資金到千萬身價的獲利思維

- ## 明四陰

陰實體	陰反轉	陰高炮	陰轉機
穩定下跌	速度下跌	下跌受阻	下跌不穩

- ## 暗四陽

陽一字	陽倒 T	陽 T 字	陽十字
極端／清淡之漲	上漲無力	上漲不明	不明之漲

• **暗四陰**

陰一字	陰倒 T	陰 T 字	陰十字
▬			
極端／清淡之跌	下跌不明	下跌無力	不明之跌

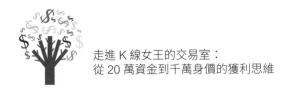
簡述單日 K 線的形成

單日 K 線由每日的開盤價、收盤價、最高價、最低價組合而成，到底 16 式單日 K 線要如何解讀呢？讓我們一一說明。

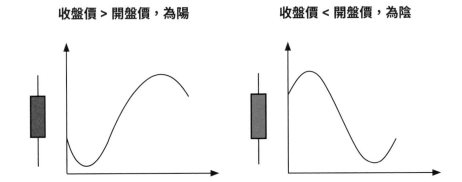

收盤價 > 開盤價，為陽　　　　**收盤價 < 開盤價，為陰**

當收盤價高於開盤價，為陽，可以紅色或白色表示。
當收盤價低於開盤價，為陰，可以綠色或黑色表示。

當收盤價等於開盤價，則需與昨日收盤價做比較：

a. 今日開、收高於昨收，為陽；今日開、收低於昨收，為陰。
b. 今日開、收等於昨收，昨日為陽今為陽，昨日為陰今為陰。

 **陽實體**

1. 陽實體流程

　　自開盤開始，買氣湧進將價位一路向上推升，盤中無論賣壓有多重，皆無法跌破開盤價，且最終收盤收至最高價，所形成的 K 線稱為陽實體。

2. 陽實體本意：穩定上漲

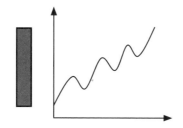

　　從撮合流程圖可知，走勢一路上漲，雖然有賣壓但都有買氣湧進化解並逐步將價位推升，走勢呈穩定上漲的狀態，所以陽實體的本意為**穩定上漲**。

73

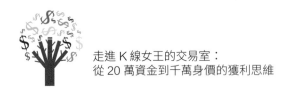
3. 陽實體撮合方式的分類

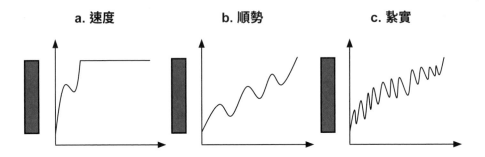

a. 速度   b. 順勢   c. 紮實

a. 速度：開盤沒多久就漲到最高價，次日開盤通常會開高，並延伸
續漲。

b. 順勢：盤中買氣慢慢將價位推升，次日開盤容易開小高，並延
伸續漲。

c. 紮實：盤中的走勢多次上下來回，次日開盤容易開小低，才延伸
續漲。

 陽高炮

1. 陽高炮流程

自開盤後，因賣壓沉重摜破開盤價，而後買氣湧進守住低價並反轉上漲，不僅漲過開盤價，且收盤收在當日最高價，留有下引線，稱為陽高炮。

2. 陽高炮本意：速度上漲

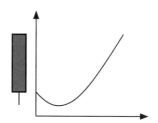

開盤後賣壓湧現將價位壓低，但立即有買氣將價位推升，不僅突破開盤價且收於最高價，快速地將價位向上推升，所以陽高炮本意為**速度上漲**。

75

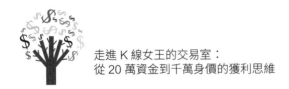
3. 陽高炮的實體引線比

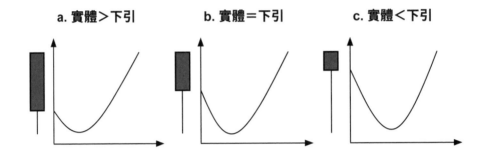

a. 實體＞下引   b. 實體＝下引   c. 實體＜下引

a. 實體＞下引：以實體明漲為主，次日有能力延伸實體幅度以上的上漲。

b. 實體＝下引：實體明漲與下引暗多相當，次日僅能延伸實體幅度上漲。

c. 實體＜下引：下引暗多強於實體明漲，表示不穩定，次日下引易被回測。

 **陽反轉**

1. 陽反轉流程

　　自開盤後，行情一路上漲，且盤中皆無跌破開盤價，但行情行至高檔時遭逢賣壓，無法收在最高價，留有上引線，所形成的 K 線稱為陽反轉。

2. 陽反轉本意：上漲受阻

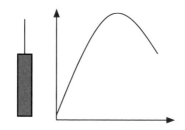

　　開盤後買氣湧進將價位往上推升，但漲至高價後遭遇賣壓，使價位無法收在最高價，表示上漲的過程中受到阻礙，所以陽反轉本意為**上漲受阻**。

a. 實體＞上引　　　　**b. 實體＝上引**　　　　**c. 實體＜上引**

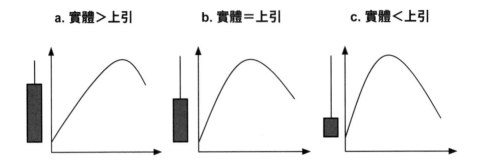

3. 陽反轉的實體引線比

a. 實體＞上引：實體明漲強於上引暗空，次日有能力「創」上引線
　　　　　　　　之高。

b. 實體＝上引：實體明漲與上引暗空均等，次日有能力「測」上
　　　　　　　　引線之高。

c. 實體＜上引：上引暗空強於實體明漲，次日僅有能力「試」上引
　　　　　　　　線之高。

 陽轉機

1. 陽轉機流程

　　自開盤後，行情多空交戰，盤中跌破開盤價，亦曾攻高至最高價，遭逢賣壓無法守住高價，收盤收高於開盤價，留有上、下引線，稱為陽轉機。

2. 陽轉機本意：上漲不穩

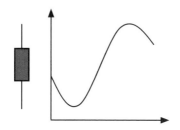

　　開盤後，多空交戰，價位高低來回震盪，最後開盤價高於收盤價，留有上下引線，表達漲勢無法穩定地延伸，所以陽轉機的本意為**上漲不穩**。

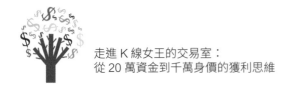
3. 陽轉機的實體引線比

a. 實體＞引線　　　　**b. 實體＝引線**　　　　**c. 實體＜引線**

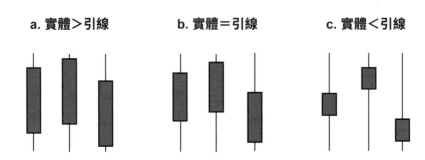

a. 實體＞引線：實體明漲強於引線暗力，次日有能力延伸實體幅度
　　之漲。

b. 實體＝引線：實體明多與引線暗力實力相當，次日僅能延伸弱
　　勢之漲。

c. 實體＜引線：引線暗力強於實體明力，次日延伸熱絡震盪不穩定
　　走勢。

 **陰實體**

1. 陰實體流程

　　自開盤開始，賣壓湧現一路將價位向下壓低，盤中無論買氣有多強，皆無法漲過開盤價，且最終收盤收至最低價，所形成的 K 線稱為陰實體。

2. 陰實體本意：穩定下跌

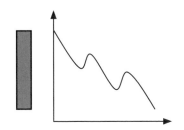

　　從撮合流程圖可知，走勢一路下跌，雖然有買氣但賣壓沉重，一步步地將價位往下壓低，走勢呈現穩定下跌的狀態，所以陰實體的本意為**穩定下跌**。

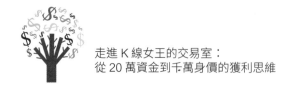

3. 陰實體撮合方式的分類

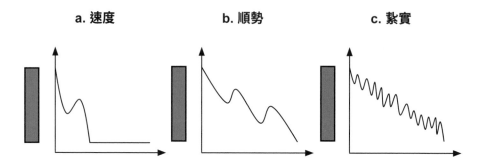

a. **速度**

b. **順勢**

c. **紮實**

a. 速度：開盤沒多久就跌到最低價，次日開盤通常會開低，並延伸
續跌。

b. 順勢：盤中賣壓慢慢將價位壓低，次日開盤容易開小低，並延
伸續跌。

c. 紮實：盤中的走勢多次上下來回，次日開盤容易開小高，才延伸
續跌。

 陰反轉

1. 陰反轉流程

開盤後，買氣推升使價位上漲，於高檔遭逢賣壓強力摜壓，不僅跌破開盤價，甚至收盤收在當日最低價，留有上引線，所形成的 K 線稱為陰反轉。

2. 陰反轉本意：速度下跌

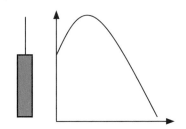

開盤後買氣湧入將價位推升，但立即有賣壓將價位壓低，不僅跌破開盤價且收於最低價，快速地將價位向下壓低，所以陰反轉本意為**速度下跌**。

3. 陰反轉的實體引線比

a. 實體＞上引　　　**b. 實體＝上引**　　　**c. 實體＜上引**

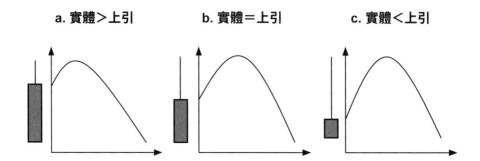

a. 實體＞上引：以實體明跌為主，次日有能力延伸實體幅度以上的下跌。

b. 實體＝下引：實體明跌與上引暗空相當，次日僅能延伸實體幅度下跌。

c. 實體＜上引：上引暗空強於實體明跌，表不穩定，次日上引易被回測。

 **陰高炮**

1. 陰高炮流程

　　自開盤後，行情一路下跌，盤中皆無法漲過開盤價，下跌至低檔後買氣湧進推升價位，收盤收於開盤價與最低價間，留有下引線，所形成的 K 線，稱為陰高炮。

2. 陰高炮本意：下跌受阻

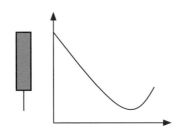

　　開盤後賣壓湧現將價位往下壓低，但跌至低價後湧進買氣，使價位無法收在最低價，表示下跌的過程中受到阻礙，所以陰高炮本意為**下跌受阻**。

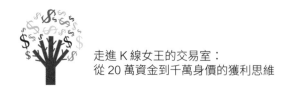
3. 陰高炮實體引線比

a. 實體＞下引　　　　b. 實體＝下引　　　　c. 實體＜下引

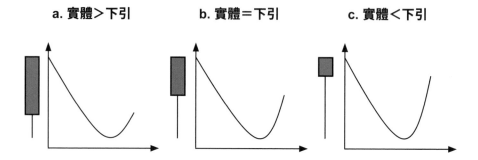

a. 實體 > 下引：實體明跌強於下引暗多，次日有能力「破」下引
線之低。

b. 實體 = 上引：實體明跌與下引暗多均等，次日有能力「測」下
引線之低。

c. 實體 < 上引：下引暗多強於實體明跌，次日僅有能力「回」下
引線之低。

陰轉機

1. 陰轉機流程

自開盤後，行情多空交戰，盤中曾漲過開盤價，亦曾跌至最低價，低檔買氣湧進將價位推升，收盤價低於開盤價，留有上、下引線，所形成的 K 線，稱為陰轉機。

2. 陰轉機本意：下跌不穩

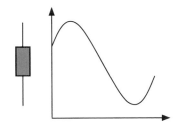

開盤後，多空交戰，價位高低來回震盪，最後收盤開盤價低於收盤價，留有上下引線，表達跌勢無法穩定地延伸，所以陰轉機的本意為**下跌不穩**。

3. 陰轉機的體引比

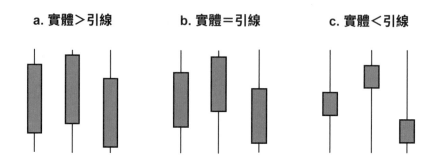

a. 實體＞引線：實體明跌強於引線暗力，次日有能力延伸實體幅度
之跌。

b. 實體＝引線：實體明跌與引線暗力實力相當，次日僅能延伸弱
勢之跌。

c. 實體＜引線：引線暗力強於實體明力，次日延伸熱絡震盪不穩定
走勢。

 **陽一字**

1. 陽一字流程

自開盤開高於昨收後，一價到收，盤中沒有任何高低起伏，所形成的 K 線，稱為陽一字。

2. 陽一字本意：極端之漲／清淡之漲

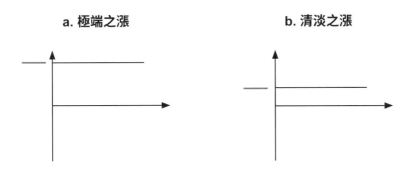

a. 極端之漲　　　　　　　　　**b. 清淡之漲**

a. 開盤即開於法規限制之漲停極限價至收盤，所以本意為極端之漲。

b. 開盤開高於昨收但沒有任何買氣推升價位，所以本意為清淡之漲。

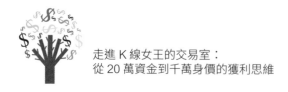

 **陰一字**

1. 陰一字流程

　　自開盤開低於昨收後，一價到收，盤中沒有任何高低起伏，所形成的 K 線，稱為陰一字。

2. 陰一字本意：極端之跌／清淡之跌

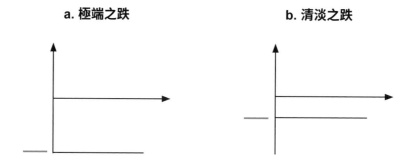

a. 極端之跌　　　　　　　　　　**b. 清淡之跌**

a. 開盤即開於法規限制之跌停極限價至收盤，所以本意為**極端之跌**。

b. 開盤開低於昨收但沒有任何賣壓摜壓價位，所以本意為**清淡之跌**。

行情趨勢判別

行情趨勢可分為：整理勢、上漲勢、下跌勢；整理勢又可分為：高
檔整理勢與低檔整理勢，**趨勢的判別是分析行情最重要的部分，用「金
融漲跌循環圖」標示如下。**

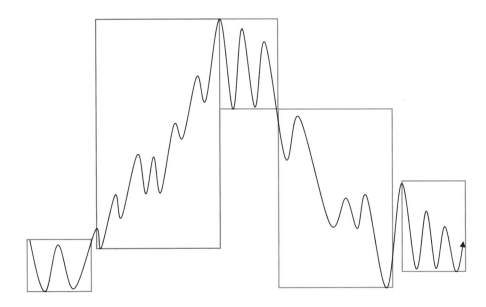

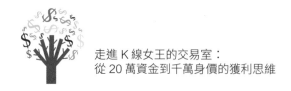
 資金：大小不等、切割分配

在談論「資金控管」這個主題前，先暫停一下腳步，檢視一下自己的心態、觀念、技術、技巧是否健全，彼此間的串聯是否順暢？當上述四項要素都能夠熟練，融會貫通，在交易市場應已可累積一筆頗為豐厚的資金；但小資金與大資金的操作方式有所不同，因此，當操作資金逐漸豐厚後，「資金控管」在交易上扮演的角色就越來越重要。

「資金控管」的核心宗旨、最高指導原則，以通俗話說就是：「**無論怎麼做都可以像一隻打不死的蟑螂，不會被抬出這個市場，把錢留住，並且越留越多。**」

聽到這裡，小資金的交易者不禁會產生疑惑，是不是操作資金未達一定的水位，就不需要對資金控管？當然不是，雖然「資金控管」的邏輯是以大資金的角度設計，但其資金分配的概念與加減碼法亦適用於小資金，如果沒有加減碼的思維，在交易市場僅是不停地一買一賣，很難將資金有效地累積。

小資金著重在資金累積的效率，大資金則著重在穩健地獲取絕對金額的報償，但如果可以搭配一套完善的「資金控管」方法，無論大小資金，都可以賺得又快又穩。

我們先從累積資金的方法說起，資金的累積有一套步驟可供依循，就像是過五關斬六將一樣，有一系列不同的關卡，讓你去闖關，說明如下：

關卡一 做一練做對

意即用一張單子，去驗證自己的邏輯推理的對錯與否。萬事起頭難，關卡一非常重要，而且相當困難，怎麼說呢？首先，你如果做的是台股，無論股價的高低就只能做一張；如果是做港股，只能做一手；如果是做期貨，只能做一口。

「只做一」的這個概念，其用意是在磨練自己的心態、觀念、技術、技巧，當上述四個交易重要的要素還不純熟，貿然將整筆資金投入市場，大進大出，很容易消磨資金，最後鎩羽而歸，提早離開市場。

關卡一的重點是在培養自己的進出場邏輯，也可用來檢視心態、觀念、技術、技巧的串聯是否貫通順暢，評判自己的分析能力、進出點位……的層次，並隨時檢討修正，因此，這個階段的目標不是賺錢而是「練習」。

練到什麼程度才可以算破關，往下一道關卡邁進？以台股為例，假設起始資金僅為 30 萬，透過不斷交易，練習買賣進出，可將資金累積至 100 萬，就算破關。

關卡二 做二練膽識

意即從一張放大成兩張，從做一口期貨放大為兩口。而做二練的是膽識，練膽識的用意在於原有的技術能力上，對技巧琢磨地更加精細，

93

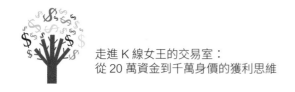
在虧損放大的情況下，心態上能夠承受，在獲利奔馳的狀況下，心態上也能夠平穩。

從做一張變成做兩張，就有加碼的概念，也開始稍微碰觸到「資金控管」的範疇，例如：進場買進，可分為一次買足，還是分成兩次進場；出場賣出，可分為一次賣出，還是分成兩次離場，慢慢操作就會開始有不一樣的變化。

關卡三　做三練加碼

已經進入開始可以加減碼的階段，相較於做一練做對只能有一次對錯的機會，做三可以開始分散，可以 1:1:1 建倉，可以 2:1 建倉，也可先建立 2 母單，留 1 張加碼，變化開始更多樣，重點就是透過分批建倉、分批加碼的概念把風險平滑。

從做三開始，已經來到「資金控管」的大門口，當能開始活用資金控管的手法，你就會像小強一樣打也打不死，除非是自己心態觀念有所偏差，不然已經很難被抬出市場了。

關卡一、二、三可說是培養基本功的三步驟，以最小的規模，在不至於大賠的情況下，讓交易者可以實際去體會「心態觀念」、「技術技巧」、「資金控管」三大交易構面的串聯應用。

「資金控管」的理論方法並不難懂，難的是如何巧妙地搭配心態、

觀念、技術、技巧之交易要素，唯有在心態觀念健全、技術技巧純熟的基礎上，搭配良好的資金控管才能夠如虎添翼、錦上添花。

在「資金」主題上，主要的議題是探討如何「分配」資金。首先，必須要檢視自己手中的操作資金究竟歸屬於大資金還是小資金。資金的大小可用主觀與客觀的方法予以區分。

第一種是藉由自身的環境、能力與想法來定，假設心中覺得銀行戶頭裡的數字有 500 萬元就是人生的極限，那這個金額就可視為大資金，因為這 500 萬對你來說，可能就是人生的全部，意義非常重大，當然就不可能孤注一擲，將之暴露在極高風險的境地之下，此時所應思考的，應是如何穩健保守地讓這 500 萬逐步擴大。

第二種方式是用絕對金額來區分，一般而言，在證券業擁有新台幣 3,000 萬以上的客戶會有一些特殊待遇，所以 3,000 萬是一個具資金規模的基本門檻，但這個數字對交易市場而言，也僅是滄海一粟，並還未真正達到大資金的等級；台股 2020 年的日成交均量約 2,000 億元，上市櫃公司家數約 1,750 檔左右，擁有億元以上的資金應該有能力成為一家小型公司的大股東，以這個標準來看，億元以上的資金才是大資金最基本的門檻。

當然億萬富翁畢竟是少數，而上述資金大小的劃分，也僅是一種參考的標準，通常而言，當操作資金超過千萬以上，就應該開始要有「資金控管」的概念，消極來說可避免資金被市場收回，積極而言則可穩健

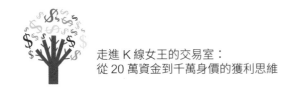
且快速地增長資金規模。

大資金與小資金的操作心態與買賣邏輯截然不同，小資金操作要以交易金三角中「技術技巧」為主，可將風險稍微擴大，想方設法將資金快速擴張；而大資金則以「資金控管」為主，想辦法在適度的風險下，積極又穩健的繼續擴張獲利，並將獲利守住。

在「資金」的主題上，還有一個重要課題，便是如何將手中的資金分配到不同的標的上。假設你擁有 1 億元，這 1 億元是獨壓單檔標的，完全梭哈，還是把 1 億元切成十份、八份或是六份？如何做分配？如何切分才夠安全？這些都是「資金」這個主題所要探究的項目。

「資金」這個主題主要傳遞兩個概念：

第一：規模不同的資金有其相對應的操作方式，「小資金」在於追求如何將資金快速擴張；「大資金」著眼於如何穩健地擴張獲利，並將獲利守住。

第二：如何去分配資金才是最適當，該多角化分散風險，還是全部重壓單一標的。

這些都是交易者必須深究的重要問題。

控管：母子單量、分配比例

關於我個人是如何建構起「資金控管」的概念與內部的細項做法，這一切都要從多年前的一個故事說起。回憶當初，有一陣子股市的行情特別清淡且無聊，和 2020 年熱度爆棚的台股市場簡直是天壤之別，一整年值得操作的也就那幾檔飆股，操作完後利潤也賺飽了，就開始尋覓消遣之道。

最後終於讓我找到可以消磨無趣人生中的娛樂，便是紅極一時的線上打牌遊戲——「線上大老二」，這款遊戲陪我度過一天又一天盤中無趣的時光，或許你很難想像，但事實就是這麼荒謬，打牌讓我開悟了資金法很多重要的觀念。

粗略地計算，這款遊戲讓我至少投注了一、二年的青春。這款遊戲中一局的玩家共有四人，系統每天會給你 888 塊的神幣（遊戲幣值），今天一旦把錢輸光就不能玩牌，還要再經過二十四小時的漫長等待，系統才會再給你 888 塊，讓你進場玩牌。

我玩了好一段時間，幾乎都是每天攜帶 888 塊進去，希望能一路發，最後卻都歸零，明日再繼續發發發，但錢好像跟我有仇似的都發不起來，當時的我不斷說服自己這只是遊戲，卻還是難以壓抑心中那股不服輸的火。

壓垮駱駝的最後一根稻草就是在一次的對局中，某位對手有 200 萬

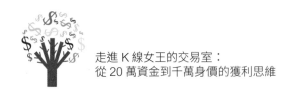
的神幣，我當下除了目瞪口呆以外，更想著本女王在真實交易市場混得還算不錯，居然在遊戲裡面輸給這個毛頭小子！難道不是每個人都從 888 塊起家，為什麼他可以有 200 萬？他肯定是開外掛！自我安慰的同時，我還是非常在意，自從那一刻開始，我從盤中無趣打場電動當消遣，轉變成把電動當成了新的生活目標，向著坐在隔壁的夥伴大聲嚷嚷喊著：我要賺到 200 萬神幣！

被夥伴當成精神有異的我，開始陷入沉思，「到底要怎麼賺 200 萬呢？」我心中默默想著，當然我也可以拿著台幣去兌換成神幣，但有沒有其他方式可以從 888 塊累積成 200 萬？這時候我的心態已經不是來消磨時間了，而是來取勝的、是來賺錢的。

我知道賺錢需要方法，從一次次的對局當中，我開始想著不一次梭哈裝闊，確保每天的 888 塊不要輸光，遊戲房間有分成 5 塊錢一局、10 塊錢一局、100 塊錢一局，甚至也有 1,000 塊一局，倘若我手上只有 1,000 塊，去打 500 塊的，很容易就會輸個精光，但如果我有 1,000 塊，去打 5 塊錢的對局，感覺不太可能會輸完，那時候我從這個地方知道，梭哈雖然贏了賺很爽，但是輸了就是輸了入場券，要等到明天才能玩，於是我開始有了切分資金的概念，先求穩再求快。

此外，我將交易技術中「益損比」和「勝率」的概念帶進遊戲，發現出乎意料的好用，輸的時候輸得少，贏的時候就大賺一筆，在我拿到一手好牌，暗自竊喜的同時，已經偷偷規畫著怎麼把同桌的錢吃好吃

滿；相反的，當我拿到一手爛牌，我除了先小小抱怨幾句外，更想著怎樣才可以讓我輸得最少，把交易方法融入進來，神幣也開始漸漸累積了起來。我從系統給的 888 塊，只花了三個月就累積到了 200 萬。

但花無常紅，月無常圓，我又開始自我膨脹起來，200 萬的神幣在短短三個月就順利賺到，那應該再過不久就有 500 萬，接著就有 1,000 萬，於是我開始失心瘋，在某場我拿到一手好牌認為穩贏的時候，便心想做個大牌，把其他三家殺個精光，那不就輕易賺到 1000 萬了嗎？想著想著，坐在電腦螢幕前的我，不自覺地狂笑了起來。

然而，現實總是殘酷的、命運總是捉弄人，該局的一位玩家開場直接拿到「一條龍」，我連出牌的機會都沒有，系統直接判定那位玩家勝利，當時我眼珠子瞪到都快掉下來，心中就是氣氣氣氣氣，我就這樣乾瞪著螢幕坐了許久，心情久久不能平復，到後來我甚至開始安慰自己，這一定是開發工程師搞的鬼，是遊戲開發商在覬覦我的神幣，妒忌我翻

名詞解析

• 勝率

一般投資書籍定義的勝率是指「賺錢筆數」占「賺錢筆數＋賠錢筆數」的比率，屬於事後的統計；本書中的所說的勝率是指「一筆單進場後賺錢的機率」，屬於事前的預估。

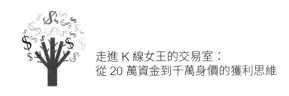

倍翻得太快；現在回想起來雖然仍有股無明火不斷冒起，但也是因為經歷了這件事，我才真正體悟到資金控管的重要。

從撲克牌大老二「一條龍事件」回視交易市場，這類的事情更是屢見不鮮，盤前明明分析、規畫得很完善，停損價位也早就設定好，看似勝利女神就站在你的身邊，但偏偏就出現始料未及的事件，殺得你措手不及，不知所措。例如：2009 年 4 月底兩岸簽訂金融 MOU 的事件，造成台指期貨連漲三天的漲停板，如果當時全力放空的人，遇到這種突發事件，應該會被嚇得屁滾尿流，呆若木雞吧！

資金控管中的「控管」消極而言，可以讓我們避免在突發性事件發生時釀成巨大虧損，積極來說，就是讓資金如何在安全的狀態下快速但穩健地擴張；此時會運用三項單別，「母單」、「子單」與「逆勢單」，建構起攻守兼備的資金部隊。

什麼是母單、子單與逆勢單呢？這三項單別或許可以用下面的方式來理解，今天有一位將軍準備要攻城略地，首先會派先鋒部隊在前方開出一條血路，占領幾處關鍵的地理位置，接著派大部隊增援，攻下更多座城池並擴大優勢；之後這些已經被攻下的城池，一方面需要有人固守，防止敵人奪回，另一方面需要有人治理，所以你會把一部分的軍力放在這些已經攻下的城池中，其他軍力則再繼續攻城略地。

母單就像是先鋒部隊，你在選定好一個標的後，會先投入部分資金；子單就像是增援部隊，當你的母單開始往你預設的方向走，也就是

開始獲利的時候，此時再把剩餘的資金部分拿出來加碼，擴大你的獲利，這就是子單；而逆勢單就像是固守已奪取城池的守衛軍，以「做多」為例，行情不會沿路一直上漲，勢必會有回檔的時候，在回檔發生之前，就可以將少部分的單量獲利了結出場，或直接在市場放空，多空對鎖保護獲利，這就是逆勢單的作用。

舉例說明，假設操作的資金有 1 億元，剛好有十檔準備想要操作的標的，用最基礎等比例的方式將 1 億元分成十份，每份 1000 萬；一份 1000 萬的資金，要拿多少來建立母單呢？在風險的考量下，絕對不可梭哈，而且母單建立後，走勢是否會如預期上漲，亦在未定之天，所以母單通常僅會占 1000 萬資金中的三分之一至一半。

在分散風險的考量下，母單通常也不會在單一價位一次建滿。以「做多」為例，當某檔個股仍處於盤整勢中，既漲不上去，也跌不下來，在某個區間內上上下下、來來回回，然而從技術分析的角度觀察，這檔個股未來很有機會向上發動並延伸漲勢，但當下無法得知走勢何時會突破壓力線發動漲勢，這時母單可分批購入，如此便可降低走勢不如預期時所要停損的金額。

一旦走勢如預期發動上漲，母單開始獲利，有了獲利就可以拿原先預留的剩餘資金來加碼購入子單。但子單也不是隨性而加，子單加碼的單量需要考量母單的數量，並且觀察走勢的變化，才能決定加碼的單量；而逆勢單的作用就是在保護原有的獲利，使原有的獲利不受回檔的

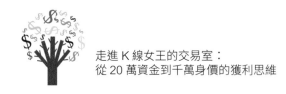

影響而遭受侵蝕。

　　如果把自己想成是一個在操作上攻城略地的將軍，「資金」就是你的軍力，「控管」就是調派指揮這些軍力，如何在安全的情況下，獲取最大戰果；因此就有母單、子單、逆勢單如何相互搭配應用的課題，但要靈活的分配調度這些「軍力」，將軍個人的「心態觀念」與用兵的「技術技巧」都需老練嫻熟，才有辦法將「軍力」擴增至極大，產生綜效。

活用交易金三角

　　大多數的人都只是交易市場上的小人物，沒有能力去改變市場，反而很容易被市場的狂濤巨浪給吞沒，我們所能做的就是「審時度勢」，隨著大趨勢順勢而為，獲取應有的利潤。

　　「交易金三角」的內容，是我在交易市場十七個年頭深刻體悟後，淬鍊出的精華，交易所會遇到的問題，大都可以從中找到解決方法。交易市場千變萬化、詭譎多端，因此不可能存有一招就可以打通天下的交易聖杯，唯有透過不斷地思維、推理、反省，建構出一套適合自己目標、性格與心態的交易邏輯，才能讓你在交易市場上不隨波逐流、載浮載沉，往自己所設定的目標穩健邁進。

　　在我十七年的交易歲月裡，「敗中求和」、「弱中求勝」、「勝者更勝」這三句可以說是我交易的座右銘，一路伴隨著我走到現在。

　　「敗中求和」：人有錯手，馬有失蹄，你我皆凡人，並非是神仙，說到底技術分析也只是建立在透徹的分析推理後，得出行情走勢的預判推論，但行情實際的走法最終仍是由市場買賣力道所決定。

　　我的交易邏輯是以防守的觀點出發，先想守再想攻，讓自己立於不敗之地，不會被淘汰出場，這樣才有贏的機會；因此，當看錯行情的時

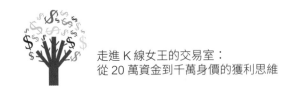
候，要知道自己已身處劣勢，要想辦法讓自己的虧損盡可能降低，抱持著「留得青山在，不怕沒柴燒」的心態，「敗中求和」，無論如何都要讓自己先在這殘酷的交易市場存活下來，活下來就有翻身的機會。

「**弱中求勝**」：有時候進場後，發現行情走勢並未如預期的強勢，資金與人氣反而漸漸退散，大勢已漸漸不利於己，這時就不應再墨守進場時所持的分析理由堅守不退，而是要想辦法實現已得的戰果，若已產生小虧損也要果決離場。

「**勝者更勝**」：當行情如預期走出漲跌幅度，要想的不是獲利了結、落袋為安，而是要想著如何擴大戰果，獲利不僅要任由奔馳，還要幫它助攻，錦上添花，更上層樓。

交易的路並不好走，路上充滿著荊棘坎坷，當你開始感到茫然迷惑、懷疑人生的時候，不妨停下腳步、靜下心來，回想一下進入市場的初衷，利用「交易金三角」的六個要素，檢視一下問題所在，試著解決它、克服它、超越它，只要有恆心與毅力，轉個彎或許就可以看到不一樣的交易風貌。

接著，以我個人交易上失敗的經驗，實例說明，提供讀者為借鏡，不要重蹈覆轍。

Part
2

關於失敗的那幾堂課

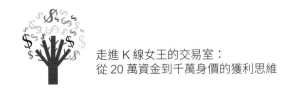

　　交易的路上，充滿荊棘、崎嶇坎坷，一不留神就會跌倒在地，有時痛得讓人爬也爬不起來，但跌在地上的同時，不妨靜下心來看看地上、看看四周，有時你會發現，原來地上有很多意想不到的寶物等著你去撿拾，而這些寶物常常是支撐你站起來，甚至是往前躍進的泉源。

　　交易失敗並不可恥，甚至可以說，只要有交易，必然伴隨著失敗，只是失敗的大小、次數是不是可以承受，只要承受得了，在沒有掉入萬丈深淵、粉身碎骨的情況下，這些失敗的經驗都是讓自己在交易的旅程上茁壯的養分。

　　因此，本書的第二部分，我將個人交易失敗的經驗，用案例的方式講述其中的歷程，並在「交易金三角」的基礎上，檢討失敗的原因，提供給讀者借鏡，避免重蹈覆轍，減少交易路上的障礙。

失敗課 1

一著不慎，滿盤皆輸：
放空遠雄的慘劇

2009 年 4 月底，春意漸濃，暖風喚醒了大地，理應是生機盎然的季節，我卻感到危在旦夕，直到現在，我仍無法忘卻心感萬物凝滯、孤寂無助的那個夜晚。

4 月 29 日我離開喧囂的都市，前往寧靜的鄉間，洗滌身心，撫慰平日躁動的心緒，然而當晚我躺在旅館的床上輾轉反側，龐大的壓力讓我飽受折磨，遲遲闔不上的雙眼，傻傻地對著窗外不遠處的一間教堂，盯著那被月色照映著的純白十字架。我沒有特殊的宗教信仰，一直以來，十字架對我而言，不具任何特殊意義，純白不比月亮皎潔，明亮也不比繁星光輝，充其量僅是個陪襯，平時不會特別去關注十字架的我，在那天晚上，它竟成了我唯一希望的曙光。

我對著十字架並在心中不斷祈禱地說：「上帝啊！請寬恕我一直以來的不尊重，若是祢真的存在的話，我向祢祈求，我懇請祢能給我個機會，請讓我把我的空單全數補掉，倘若這事成真了，我便……」

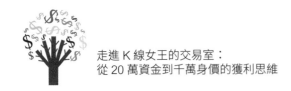
現在回憶起這段往事還能帶有幾分自嘲跟趣味在課堂上與學生分享，不愧是長年在市場上打滾的我，連面對上帝，都能夠和祂談條件交易！不過鮮少人能體會到我真正的煎熬，在當下絕望幾乎要把我淹沒，眼下能做的除了祈求，已經別無他法了，當時的加權指數連續兩天幾乎漲停，個股的漲勢更是凌厲，我的空單如果無法順利回補的話，我就要破產了！那是我第一次強烈感受到「破產」，這個似乎只會在許多浮誇的傳記當中，用來嚇唬新手投資人的詞，原來離我這麼近，曾經引以為傲的技術和爆棚的信心，在此時彷彿如紙屑般，風一吹便四處飄散。

我想問天問地，甚至是願意問問宿命，究竟是什麼原因，導致我失心瘋的持有接近滿倉的空單部位，而完全忽略重壓身家的風險？我必須重新審視自己，要完整講述這段故事，需要把時間往前推移到 2008 年的 10 月。

2008 年國際間發生了轟動武林、驚動萬教的大事件，無論你當時在不在這個市場打滾，都會耳聞此事或是深受此事的影響，那就是史詩級的「金融海嘯」。起初是美國房貸泡沫的形成及破裂，在過於寬鬆的授信標準下過度借貸，引發次級房貸危機，間接導致相關金融機構的破產，更大大打擊全世界的經濟，而後更引發了美國股市大崩盤的慘劇。國際股市受到這件事的影響，全線籠罩在悲觀的氛圍中急速崩跌，台股當然也不例外，自 2008 年 5 月開始，台灣加權指數從 9,309 點一路下跌到年底的 3,955 點，當時已在市場的交易老手感受應該都很深刻，那幅恐慌和低迷的情景深深地烙印心中，一輩子也忘不了。

　　我當時住在淡水，救護車的鳴笛聲每日都在路上呼嘯而過，關渡大橋上，每天都有不堪虧損的股民從橋上跳入淡水河，越接近歲末年終，出勤頻率便越緊湊，絕望低迷的情景可想而知。而這樣的情況糟糕到我走在路上都會聽到婆婆媽媽議論紛紛：「欸，聽說今天跳了幾十個！」「夭壽喔！怎麼會這樣……」彷彿這已成為替代柴米油鹽的日常話題了。

　　當時的我，憑藉著過人的膽量、自恃身挾交易技術，在股票市場這個混亂的大戰場中七進七出，並且在金融海嘯之際，整個市場陷入一片恐慌下跌中，雖然沒有大力放空，甚至一路搶反彈，但因為操作得非常機警，整個空頭趨勢並沒有讓我遭受損傷，原有的操作資金也安好的在銀行戶頭裡，抱著行情總在絕望終站誕生的心態，隨時準備要在市場上做一個世紀大抄底，大撈一票。

　　時序進入 2008 年的 10 月，台灣股市恐慌氣氛邁入了高峰，那時政府面對日復一日的下殺，只得趕緊推出市場干預政策，於是便規定跌幅減半，將原先正常的 7% 縮減成 3.5%；但對於陷入極度恐慌情緒的股民來說，很顯然這種所謂的救市措施成效不彰，就是在這個時機點，我漸漸嗅到離底部越來越近的味道。

　　對比於市場上的恐慌，我感到興奮，之所以心態異於市場，源於恩師常常在口中念念有詞反覆念叨《老子》裡的一段話：「禍兮福之所倚，福兮禍之所伏」，起初我也不太能理解這句話的含義，只當作是師

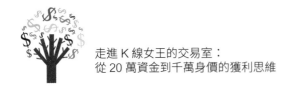
父一如往常的瘋言瘋語，沒有多加理會，隨著時間的推移與人生的歷練漸豐，現在回想起他說過的每句話，頗具深意，值得吟詠再三。

以下用遠雄（5522）股票為例，訴說我如何藉由技術、技巧，在市場充斥絕望恐慌的氛圍下，瘋狂抄底賺得盆滿缽滿；但後來又是在「交易金三角」哪項要素中犯了錯，導致我所賺得的資金又如數奉還給市場。

案例解析：遠雄（5522）

* 階段1 抄底作戰

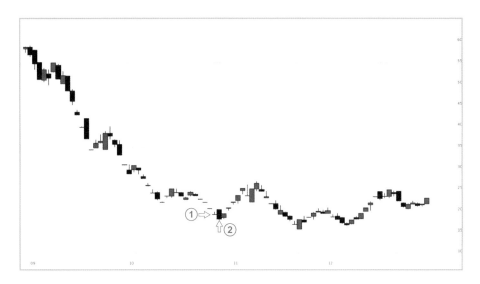

圖 2-1 遠雄（5522）日線圖

　　上圖是遠雄（5522）的日線圖，是我眾多抄底操作中經典案例之一，當時我挑出了一籃子的股票，最大的特色是每天不是漲停就是跌停，而遠雄就是其中之一。

　　遠雄大約是在 2008 年 10 月下旬被我納入觀察名單，上圖①箭頭處的前三天，是連續的陰一字，也就是連續三天的開盤即開在當日的跌

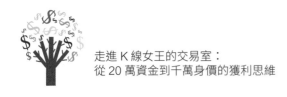

停價，盤中都沒有打開，收盤亦收在跌停價，代表這三天市場上有一大堆人想要賣出這檔股票，但是沒有人想要買入，縱使有，也無力將跌停打開推升價位，從開盤到收盤都躺平在跌停價。

到了①那天，開盤價和收盤價都在當日的極限價，也就是開盤跌停、收盤也跌停，但是今天有別於前三天的陰一字，①這天的 K 線留有上引線，這代表盤中跌停價曾經被敲開，敲開了前面一路冷冰冰下跌所形成的冰磚，在敲開的剎那，不正是暗示著原本乏人問津的股票開始有人進場了嗎？我不禁思索會是誰有能力將此檔股票拉出跌停的深淵，但肯定不會是散戶大軍合力買上去的！我看到這個訊號，見獵心喜、磨刀霍霍，準備大展身手。

第二日，也就是上圖②箭頭處，一開盤就開在接近漲停的位置，相較於前幾天的殺聲隆隆，顯得特別突兀，彷彿在今天開盤時，那些恐慌都瞬間煙消雲散，雖然盤中轉跌，而且到了當天的收盤，還收出了一根大黑 K 棒，但這檔股票的圖意已經在告訴我，有一群人正偷偷在買進！沒錯，訊號越來越明顯了，我怎麼可以放過呢？隨即在②當天接近收盤時大膽買進，果然次日開盤就開高 3%，我心想昨日的大陰果然是假的，這筆單子我做對了，後來走勢果然沒有辜負我的期望，我賺了整整五根漲停板，但狂歡的派對才剛揭起序幕，這不過只是我抄底計畫的開胃菜而已。

儘管遠雄在 10 月下旬漲了五根漲停板，但請別忘了！當時的時空

背景，市場仍處在金融海嘯悲觀、低迷的氣氛中，有些股票已經跌得太深而率先反彈。抄底遠雄的勝利像是吹起反攻的號角，於此之後，我不斷地在不同的股票中如法炮製，讓原本一盆子的銀彈，直到年底已經要用一缸子來裝了！到了隔年初，我的帳戶就像是聚寶盆一樣，市場的錢源源不斷地湧入我的寶盆中，而我的技術也更加熟稔，在當時仍充滿悲觀氣氛的市場中，成為少數的贏家。

當時的我認為自己的操作已經登峰造極，交易技術也已經達至極境，彷彿是擁有了投資的聖杯，在股票市場無往不利。別人一天最多賺一根漲停板或一根跌停板，在當時市場每日漲跌限制仍為 7％ 時，我一天卻可以賺 20％，這是如何做到的呢？我將想要操作的股票羅列出來，並註記每一檔股票可能漲停的時間，將資金游移於每檔股票間，不斷地換股操作。

開盤買的股票如果在早上十點漲停，賣掉後換第二檔，第二檔在中午十二點漲停，賣掉後再換第三檔，收盤漲停就留倉，次日再賺跳空開高的漲幅。如此浮誇的事蹟，如非親身經歷過，真的很難想像，神乎其技到我自己都懷疑財神爺是不是就站在我身旁指導下單，不知不覺地讓我自滿鬆懈，失去了對市場風險的警覺性。

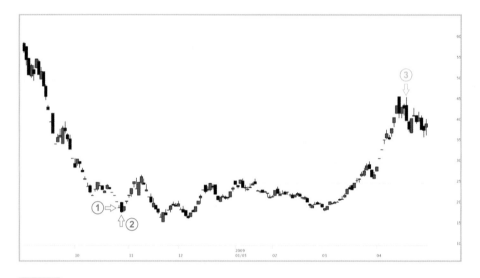

圖 2-2　遠雄（5522）日線圖

　　2009 年 4 月中旬，遠雄再次成為我的獵物，由於行情走勢來到了我認為應該放空的位置，便在 ③ 處放空（如上圖）。那時的我已經被傲慢和自大蒙蔽了雙眼，看著帳戶裡完全不符合我這年紀該有的資產，瞬間自信爆棚，不僅放空遠雄，還放空了一籃子的股票，更瘋狂的是，我將九成資產統統押了進去，並告訴自己富貴險中求、人無橫財不富，押下去就對了。

　　放空完當日，行情果然不出我所料的下跌，而且還是跌停板。我用不可一世的語氣，對著身旁的朋友說：「太神啦！是不是其實我不是凡人，而是不小心偷吃太多甜點而被貶入凡間的小仙女？從今往後，不要

再叫我什麼抄底王了，我是神，沒錯，以後請稱呼我為女股神！」

就在跌停後一個多禮拜的時間裡，遠雄的走勢都在 ③ 收盤價附近徘徊，漲不上也跌不下，不過那時我整個信心爆棚，非常有自信地認為我放空的這些股票終究會下跌讓我暴賺一筆。

那時非常接近五一勞動節連假，我為了避開車潮提早放了自己一天假，4 月 29 日收完盤就帶著雀躍的心情，與朋友們前往日月潭旅遊放鬆一下。畢竟一路抄底、天天交易，占據了我大半的時間，光想到可以暫離這些壓力跟雜事，我不自覺狂笑起來，似乎是在發洩這半年來緊繃的情緒，還被朋友嘲笑是不是在發神經，我不以為意，他們哪懂得女股神辛苦打拚賺錢的辛酸呢？

然而，我萬萬沒有想到，這份的喜悅並沒有持續太久，我幻想的通天之路、致富人生，甚至我已經安排好了未來十年的旅遊規畫和必吃的美食清單，竟然一瞬間變了調，讓我從天堂掉入深淵，從幻想拉回現實。

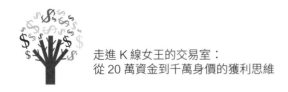

* 階段 2 獲利回吐

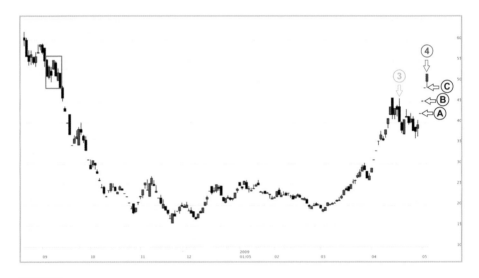

圖 2-3 遠雄（5522）日線圖

　　在一路與朋友嬉鬧狂歡下，終於來到了當晚住宿的旅館，在整理完行裝後，小歇一下，坐下來打開電視，新聞跑馬燈傳出快訊，兩岸將簽訂經濟與金融的合作備忘錄（兩岸金融 MOU），當晚新加坡的摩台指立即反應，狂漲 15％以上，這個消息宛如青天霹靂，狠狠地打在我的頭上，我整個人癱軟在床上，腦中一片空白，沒多久我伸出顫抖的手，拿出我隨身攜帶的計算機狂按。

　　「妳在做什麼？」朋友問。

「按計算機啊！」我答。回答朋友的同時，腦海中不停浮現的是那些從關渡大橋跳下去的股民。

朋友又問：「妳在計算什麼？」正在腦中上演的跳河畫面，瞬間被友人再次的提問拉回到計算機的螢幕上。

我一聲長嘆後便無奈的回答：「我在計算幾根漲停板，我的資產會歸零。」

當晚我輾轉反側、無法成眠，看著窗外不遠處的十字架，虔誠地禱告希望有奇蹟出現，但我的禱告敵不過市場的狂熱，隔日 4 月 30 日加權指數漲幅 6.74%，788 家上市櫃公司漲停作收，而我那一籃子股票無一幸免，包括遠雄（上圖Ⓐ處）開盤就漲停到收盤，想補也補不掉，但行程早已規畫，不想掃了大家的玩興，我仍強顏歡笑，繼續我的「散心」之旅。

整趟旅程我心中無時無刻不掛念著我被軋暴的空單，完全無法估算我將面臨的損失有多少。草草結束旅程，返家準備連假後開盤嚴峻的酷刑，果不其然，一開盤仍是紅通通的一片，我當機立斷，把所有能回補的空單不計價地補光，唯獨遠雄仍舊一開盤就漲停鎖死，補也補不掉（上圖Ⓑ處），次日（上圖Ⓒ處）也是一樣開盤就漲停一路到收盤，我只能眼睜睜望著電腦螢幕興嘆，不知如何是好。

117

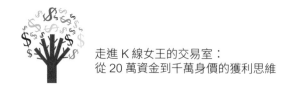

- **階段 3** **空單回補**

經過連日來的不安與折磨，我冷靜了下來，心想與其怨天尤人，不如運用技術去尋找有沒有轉圜的空間，終於讓我發現到一絲曙光。由技術分析來看，在 K 線圖左方 50 元附近有壓力（圖 2-3 藍框處），很有機會藉著這一區的套牢賣壓，讓我把空單回補，但分析終究只是分析，行情能不能照著我理想的劇本走，最終還要看市場的臉色。

在這慘烈的狀況下，我意識到茫茫股海中，我只是只隨波逐流的小瓶子，無法改變量潮的方向，認清自己的渺小後，當天夜裡，我心中想著那天在旅館窗外看到的十字架，謙卑地懇請上帝讓我可以在隔天把手中的遠雄空單全數回補。

當晚我輾轉難眠，一大早起床便三番兩次地檢查網路設備是否通暢，不到上午八點半，我便端坐在那台曾經讓我嘗盡甜頭的電腦前，桌上還擺放著數支電話，外加幾張營業員的名片，生怕哪個環節出錯，錯失回補空單的機會。

幸運的是，奇蹟發生了！行情來到④處，當天剛好開在壓力區（圖 2-3 藍框處）內，開盤價 50 元，漲幅 3.4%，終於不是開在漲停價了，而且賣壓馬上出現，價位立刻往下殺，就在跌下來的瞬間，我腦中甚至還想著走勢會不會一路向下墜呢？我會不會補早了？但我真的已經是走投無路了，此時再拗單，連神都救不了我了！我拋開了遲疑，把所有的空單部位全數認錯回補，免除了我破產的危機；就在我回補完所有空單

後，立刻便有大量的買氣開始湧進，不到五分鐘時間，又漲到漲停價直到收盤，那時的我嚇出一身冷汗，如果我幾分鐘前再猶豫一下下，我就真的會粉身碎骨，難以翻身了。

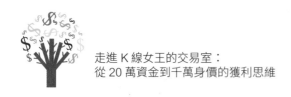

• 階段4 檢討覆盤

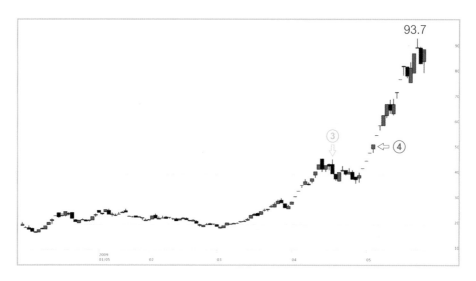

圖 2-4 遠雄（5522）日線圖

　　遠雄的故事還沒完結，更驚悚的還在後頭，當我回補完空單後，遠雄的買氣仍源源不絕，將價位一路推升到最高 93.7 元（如圖 2-4），若我回補那日，在④處稍微遲疑，不僅我所有的資產都會一夕間化為烏有，甚至還會背負著重重的債務，直墮無間地獄了！

　　至今，我仍常會想起這段往事，倘若當年沒有經歷過這一切，我現在會是什麼樣的人？「萬有都互相效力」意即一切的事情神都自有安排，雖然我沒有信奉任何宗教，但一些宗教的教義讓我用更開闊的心胸去接納人世間的萬事萬物。

當年的慘敗，現在想起仍歷歷在目，深深地烙印在我腦海裡，每當我在市場手氣順的時候，我都會想起那次的慘敗，讓自己冷卻避免過度膨脹，而重蹈覆轍；也在那一次的挫敗中，使我重新審視「交易」，這個幾乎是我人生時光的代名詞，究竟我還缺少了些什麼？

在這一次近乎覆滅的戰役中，我失去了太多，不僅僅是在金錢上的損失，我的心情變得落落寡歡，在心態上也提不起勁來，花了大約半年的時間沉澱自己，無論當時行情是如何瘋狂，我都毫不動心，我曉得眼前最重要的課題，是先解決自己心態的問題，而非賭一口氣，立即衝進市場討回失去的。

這段時間，我深入檢討到底是哪個環節出了問題，最後總結主要是兩個面向出了差錯：第一，是「心態」上的問題；第二，是「資金控管」的問題。

心態上，2008 年 10 月後，我操作得太順利了，怎麼買怎麼漲，怎麼空怎麼跌，無論做多或做空怎麼做都賺錢，以至於我太過看輕市場、高抬自己，這無疑犯了操作大忌中的大忌。想起以前恩師總是耳提面命：「**無論分析的技術有多厲害，市場走出來的圖形永遠是對的，不要跟市場對抗。**」

我的傲慢讓我一步步踏進死亡的深淵，那時的我總覺得自己技術高超，永遠不會錯估行情，甚至還大頭到誤以為能以一己之力撼動整個市場；這次的失敗才讓我深刻體悟到「驕傲的人，總是在驕傲中毀滅了自

己」，再次進入市場交易前，一定要先把心態沉澱歸零，重新認識市場、瞭解自己，以最謙卑的態度與市場對話，才有辦法在這詭譎多變的交易市場站穩腳跟，立於不敗之地。

在資金的控管上，我犯了更大的忌諱。當時我自認技術分析的能力不差，挾帶著莫名的自信，常常「押孤支」，對資金也沒有控管的概念，只要一次重押失敗，便足以讓長年辛苦累積的獲利付諸東流甚至倒賠，**沒有控管的資金，是隨時會被市場收回的資金**，如何把資金妥適分配，將賺得的錢財留住，才是交易最終的致勝關鍵。

重｜點｜結｜語

- 上帝不會懲罰無知的人，但股市會！過度自信迎面而來的可能就是大賠，尊重這個市場，就算賺很多，也要時時刻刻保持謙卑謹慎的心態。
- 看到機會仍要保持紀律！就算是對自己的判斷有相當的把握，也要留意資金的控管，恣意的亂押資金，到頭來還是會被市場無情地沒收。

焦∣點∣掃∣描

- **心態：勿大頭，時時刻刻保持謙卑謹慎的心。**
- **資金：勿重倉交易「押孤支」，要將資金妥適分散，降低風險。**

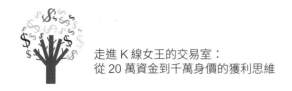

失敗課 2

觀念錯誤，浪費時間：
標的選擇錯誤的代價

　　日本火紅的偵探動漫《名偵探柯南》是我最喜歡的動漫之一，其中我最喜歡的角色是怪盜基德，因為他來無影去無蹤，並且總是帶有明確的目的行事，獨樹一幟的風格，讓他在眾多角色裡格外突出，似惡非惡、似善非善，簡直帥氣破表！

　　這部動漫吸引我的點，除了帥氣的基德外，還有每次的推理過程，往往在抓到犯罪嫌疑人時，都會清楚描述時空背景以及這些人做決策的思維，或許只是一場美麗的誤會；或許是被橫刀奪愛後產生的妒忌；又或許是爭奪家業貪婪下產生的對立，無論是基於什麼理由埋下了殺人的動機，最後都因為心態的偏差而下了錯誤的決策，造就不可挽回的局面。

　　一個理性思考的人在面對需要做出抉擇時，往往都會先進行分析比較後找出最適合的決策。比如說，高中生在升大學的時候，會先分析自我個性、未來產業前景等要素，經過綜合評比並與前輩討論後，選出最合適的學校與系所；又或在準備購買房屋的時候，會分析房價趨勢、交

通、生活機能、居住條件等等。

　　無論是動漫裡的嫌犯，還是日常的我們，都常需要在不同的選擇間做思考。從面臨抉擇到做出決定的過程中，該將哪些要素和條件納入分析就顯得格外重要，一旦將錯誤的條件納入選擇的標準內，其結果自是不言可喻了。

　　回到股票市場，在交易的過程中，更是無時無刻不面臨抉擇：「我該賣嗎？」「這邊要停利了嗎？」「要選哪檔股票買？」許許多多的疑問不斷在交易的過程中出現。然而，做選擇需要經驗，經過一次次的錯誤、一次次的修正，才得以在股市中成為一個快、狠、準的厲害角色。

　　這次的故事發生在我早年的交易時期，那時我在做決策時，因為交易的經歷與經驗還不夠多，考量的條件孰輕孰重也還不能明辨，我曾經將一個錯誤的條件納入決策中，偏偏我又將這個錯誤條件看得很重，以致最終錯失了賺取暴利的機會。

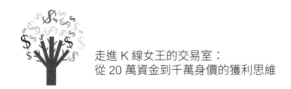
案例解析：創意（3443）

- ### 階段 1 標的尋找

讓我們把時間推回到 2008 年。從今天回頭看 2008 年，許多人都知道這一年發生了金融海嘯，但對當時的我而言，根本不可能知道會發生金融海嘯，造成全球金融交易市場的崩潰，我唯一分析的工具就只有 K 線，從中理解當下的走勢並推演行情未來的發展。

圖 2-5 加權指數周線

圖 2-5 大致是 2007 年 6 月到 2008 年底加權指數的周線圖。

　　圖中 ① 當周最高價為 9,309 點，② 當周最低價為 6,708 點，由 ① 跌到 ②，一共跌了 2,601 點，跌幅約 28%。

　　在上圖 ① 之前，也就是 2007 年 6 月到 2008 年 4 月的時候，我就一直密切注意加權指數的動向，因為這時候加權指數進入了整理勢，而且是高檔整理勢。

　　整理勢就是走勢在做區間整理，走不出明確的漲跌方向，而在整理勢前面多加了「高檔」兩個字，則是表達整理勢的位置出現在 K 線圖的高處。

　　有道是「高處不勝寒」，加權指數來到了高檔的價位區間，我時時刻刻都在提防，生怕哪一天指數會從高處墜落。這段期間大約持續了將近一年，每每在做多的時候，心裡都想：「會不會明天就崩跌？」而在做空的時候，心裡又會想：「會不會明天又噴上去？」這時候的我並不只是一味地追求技術上的精進，在操作心態的培養上也持續下工夫，常常自問自答，不斷地對自己的想法提出質疑，建立多空並陳的雙向思維，避免一味地看多或看空，落入主觀武斷的操作陷阱。

　　將時光回溯到上圖 Ⓐ，以 K 線的技術而言，加權指數有可能要脫離高檔整理勢，轉成下跌勢，這是從技術上，客觀的分析得出來的結果。

　　我心想：「終於等到一個明確的方向，不用再過著杞人憂天的生活

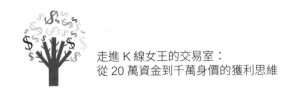
了。」當我認為加權指數準備要走入空頭走勢的時候，我開始挑選可以放空的股票標的，畢竟覆巢之下無完卵，加權指數是代表台股上市公司的集合體，眼見加權指數一副要倒的樣子，現在不找空股，更待何時？

在圖 2-5 Ⓐ 的那個時點，我挑出了三檔標的分別是創意（3443）、美律（2439）、南亞科（2408），這三檔都是當時我認為未來可以跌很深的股票。

我以前看過《作手》一書，書中說道：「對於一個新手來說，想要在投機市場中賺一筆錢，最佳策略就是找機會大賭一次。對一個投機經驗豐富，在交易市場中有勝算、有優勢的人，每次下注反而應該小一點，以減少偶然性運氣的影響程度，讓概率法則發揮出應有的作用。」

當時的我在投機市場中還稱不上是什麼老手，但至少我可以分辨得出那時台股看起來已搖搖欲墜，以事後的觀點來看，當初我應該把資金均分成三份，分別投入創意、美律與南亞科，以降低資金的風險，但我並沒有這麼做，反而全壓在創意這檔股票上。

- 階段2 **價高跌深？**

圖 2-6 創意（3443）周線

圖 2-7 美律（2439）周線

129

南亞科（2408）周線

　　圖 2-6、2-7、2-8 三張圖，由上至下，分別為創意、美律與南亞科的周線圖。每一張圖的①與「Ⓐ」，時間上都與加權指數的①與「Ⓐ」相同。

　　圖①處，時間是在 2008 年 5 月 19 日；上圖Ⓐ處，時間是在 2008 年 6 月 10 日當周。

　　當判定出台股即將有可能走一波熊市後，我選出了創意、美律與南亞科三檔股票，作為我做空的標的，但最後我只空了創意，並空在圖 2-6 Ⓐ處，價位約在 230 元左右。

為什麼只空創意而捨棄另外兩檔呢？理由其實很簡單：

1. 我對創意這一檔股票特別有印象。
2. 創意相較於其他兩檔股票為高價股。

對於空創意的第一點理由，「我對創意這檔股票特別有印象」，這極大可能是受到錨定效應的影響。我依稀記得在 2006 年底的時候，那時我還是交易市場裡的超級菜鳥，我很常聽到周遭的前輩們彼此都在討論：「你有創意嗎？」這並不是藝術領域的探討，而是因為這檔股票在當時實在太熱門，對於創意的討論，不是只有幾天的時間，而是長達半年之久，創意從 2006 年底的 50 元左右，一路飆到 2007 年中的 400 多元，我猜這檔股票在當時肯定是價值型、波段族的最愛，而我也被這檔股票的名字疲勞轟炸，即便到了 2008 年，我依舊對創意很有印象。

再來就是第二點理由「創意相較於其他兩檔股票為高價股」，其中「高價股」的概念與交易金三角中的「觀念」有關。

理論上，股票的最高價可以到無限大，比如世界上最高價的股票是美國的波克夏 A 股，一股約 40 萬美元，即使這麼高價位的股票，還是可以繼續往上漲；而股票的最低價是 0 元，但 0 元是沒有意義的，因為跌到 0 元前，股票就會因為交易法規而下市。

「既然股價的最低價是 0 元，那如果我今天選了一檔高價股票放空，不就意味著，從高處下墜的絕對數字會比較多嗎？」這是我當時

131

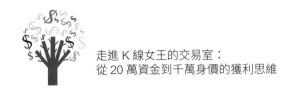

準備放空前的想法。創意的股價在上圖Ⓐ處是 200 多元，美律是 50 幾元，南亞科則是 10 多塊，如果同樣都可以跌到 0 元的情況下，那麼挑選創意作為放空的標的比較合理。

其實上述的觀念沒有錯，以價位的觀點來看，價位高的比價位低的可以下跌的空間來得大，但若將它作為選股與操作時的判斷準則，那就大錯特錯了，更何況有更多更重要的因素應該去考量，如圖形告訴我們究竟支撐在哪？壓力在哪？空下來有多少利潤？做錯了停損幅度有多大？……

接下來我們先來看看我在創意上的操作。

圖 2-9、2-10 兩張圖分別為加權指數與創意的周線圖，兩張圖相同的標示符號為相同時間點。

加權指數從圖中①跌到②，跌了一段，在圖中Ⓑ處反彈。

我空創意是空在Ⓐ處，放空價位約 230 元，回補在Ⓑ處，回補價位約 245 元，回補的原因，是看到了加權指數在Ⓑ處疑似要反彈，而且自我從Ⓐ處空進去到Ⓑ處，已經持有了一個多月，這一個多月來除了未實現損益總是在小賺小賠間遊走外，更重要的是還將我操作資金卡死，從技術上的理由與時間上的耗損，讓我不得不在Ⓑ處回補空單。

創意這筆單一張賠了 15 元，雖然不是非常多，但讓我心痛的是，當我看到美律與南亞科的走勢時，我知道我又與獲利擦肩而過。

- 階段3 與獲利擦肩

圖 2-9 加權指數周線

圖 2-10 創意（3443）周線

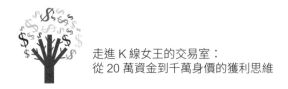

再來看美律與南亞科在Ⓐ處之後的走勢。

圖 2-11　美律（2439）

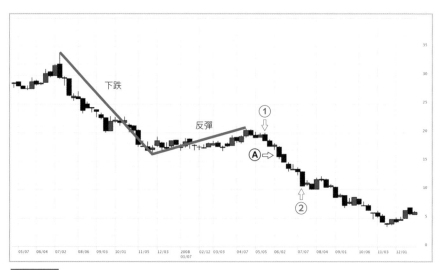

圖 2-12　南亞科（2408）周線

同時期，加權指數從圖中 ① 跌到 ②，一共跌了 2,601 點，跌幅約 28%；美律從圖中 ① 跌到 ②，一共跌了 36.4 元，跌幅約 45%；南亞科從圖中 ① 跌到 ②，一共跌了 9.25 元，跌幅約 46%；而我空的創意，一共跌了 56.5 元，跌幅約 20%，雖然下跌的絕對數值是三檔股票最大的，但跌幅卻是最小的，且跌幅弱於大盤。

我進場空創意的點位是在圖示中的 Ⓐ 處，與美律和南亞科圖示中的 Ⓐ 處時間點相同，從這三張圖可看出，美律與南亞科自 Ⓐ 處後都延伸了跌幅，只有創意的走勢是橫向發展，最終我還以一張 15 元的虧損賠錢出場。

這一次的交易，算是讓我大徹大悟，面對選擇與決策時，判斷準則誰重誰輕應該要明確辨別，以下三點是這一筆交易的反思。

1. 在操作之前，應先瞭解商品的過往 K 線走勢。

我在判斷加權指數走勢的時候，使用技術，客觀分析出當前與未來的可能走勢，但我在操作創意的時候，卻以自身喜惡進場操作，直接忽略了技術上提供的訊息。如果當時這三檔股票，我有客觀地進行分析，那我絕不會操作創意，因為從技術上而言，美律與南亞科從反彈幅度可以知道，這兩檔反彈弱，代表買氣不強，未來要下跌就容易跌得比較深；而創意過往的反彈比較強，代表買氣強，未來在下跌的過程中，很容易受到這些買盤的影響，就不會跌得太深，總結來說，**放空要空買氣**

135

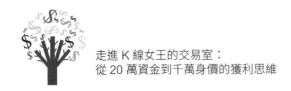
弱的，「棒打落水狗」才是明智之舉。

2. 因為對股價存有價位觀，所以想空高價股，但應該要以下跌的成數為主。

　　小時候曾經被問到一個問題：「1 公斤的鐵跟 1 公斤的羽毛，哪個比較重？」答案很明顯，是一樣重，因為都是 1 公斤，不會因為鐵聽起來比較重，所以答案是鐵，但是我想要空高價股的這種想法，和這個小時候被問到爛的問題有異曲同工之妙。在資金相同的情況下，我能空 300 元的股票一張，也能空 30 元的股票十張，只要把低價股的張數放大，一樣有高價股的效果。更讓人想要剁手指的是，我居然會把這個錯誤的觀念當作標的挑選的重要依據。

3. 不要浪費時間成本與機會成本。

　　儘管創意從①到②是下跌的，但因為我進場在Ⓐ處，之後走勢就橫向發展，最後出場在買氣湧進的地方，宣告虧損離場；但致命的是，如果空進去後，早早發現這一筆單可能不會跌得太深，就可以先出場，不用在那裡耗損時間，浪費了一個多月的時間成本。從機會成本的角度來看，我明明挑了三檔自認為不錯的股票，我卻獨壓創意這一檔，如果當時能將資金平均分配到三檔股票身上，最終結算下來，整體來說還是賺錢的。

1+3=4 重｜點｜結｜語

- 標的挑選的條件講究實質的意義，非以個人喜惡或消息作為汰選標準，更不應以商品價位的高低作為最終選擇的依據。
- 技術不該被心態帶著跑，兩者雖是互相消長，但心態應保持中庸、冷靜，技術應保持客觀、理性。

焦｜點｜掃｜描

- 心態：錨定效應不應該是標的選擇的關鍵條件。
- 觀念：要避免產生價位的迷思。
- 技術：心態和觀念的偏差，間接導致技術上的失誤，回歸圖意且客觀分析才是操作的硬道理。

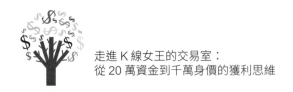
失敗課 3

拉人壯膽，死不認錯：
逆勢而為的省思

如果說我在遠雄的事件中，是因為重倉交易，導致我猝不及防的承受龐大的損失，彷彿是在我心上用力開了一槍，又快又狠；那麼，這一次我在單井（3490）的操作中，則是因為逆勢交易，導致我魚游沸鼎毫不自知，猶如在操作上得了慢性病，飽受焦慮煎熬之苦，最後仍是打了敗仗。

重倉交易的危險性是顯而易見的，一次的錯誤就足以讓你無須等到鳳凰花開，就從交易市場中提前畢業，因此一般而言，在重倉交易、放大槓桿操作時要格外謹慎，避免失敗而導致巨額的虧損。

而逆勢操作與重倉交易本質上並不一樣。重倉交易在交易金三角中，注重的是「資金控管」這一塊，而逆勢交易在交易金三角中，注重的則是「技術」與「心態」這一塊。

古者有一句這樣的話：「順勢者昌，逆勢者亡。螳臂當車，豈有不死之理！」既然逆勢操作是不明智的做法，為什麼還要逆勢操作？這豈

不正是明知山有虎，偏往虎山行？欲瞭解逆勢操作的真諦，必須要先從「何謂逆勢」開始說起。

扼要地說，所謂的逆勢就是與原有的趨勢相反；逆勢操作就是與原有的趨勢反著做。比如說 2008 年的金融海嘯，全球股市應聲下跌，趨勢是下跌勢，如果要做逆勢操作，在操作的思維與方向上就會是做多買進；相反的，以網路零售商發跡的美國亞馬遜公司，自 2013 年到 2020 年底，已經漲了將近 20 倍，很明顯趨勢是上漲勢，如果要做逆勢操作，在操作的思維與方向上就會是放空賣出。

逆勢操作做多與做空都有可能，重點是要正確判斷商品行情的趨勢，反著操作就是逆勢操作。當然，趨勢如何判斷，這是技術上的大問題。

或許你會心生疑問：「好好順勢不操作，為何要做逆勢？」這就與心態有極大的關聯了。會做逆勢單的人通常在技術上有一定的程度，因為知道漲不會一路地漲，跌也不會一路地跌，漲勢中有回檔，跌勢中有反彈，因此透過技術分析，推理出哪個價位會回檔？哪個價位會反彈？便會大膽地進場做逆勢單，這種單子如果做得對，往往會在短時間內獲取豐厚的快錢，因為如此，嘗過甜頭的人，就會開啟日後時不時想要做逆勢單的念頭。

此外有一部分的人，覺得自己的技術很好，認為只是順勢操作太過無聊，無法顯示自己與眾不同的才智，想要去證明自己，剛好可以透過逆勢操作表現出自己的預測能力與膽識。

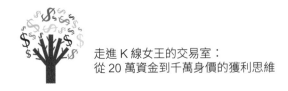

　　看到這裡，或許你會覺得那些會操作逆勢單的人，個性都是自負、貪婪、虛榮等等的負面想法，但其實這並不是對逆勢操作正確的理解。一位成功的交易者，本來就是需要有洞燭機先的能力，就像巴菲特曾經挖苦過基金經理人，說他們總是喜歡看著後照鏡開車，暗示說，這些基金經理人反應總是比市場慢。如果知道未來的行情走勢即將要反轉，那逆勢操作又有何不可呢？

　　逆勢操作需把握住兩個原則：

- **第一個是在技術上要能抓得到即將反轉的訊號。**
- **第二個就是在心態上要不斷告訴自己是在逆勢操作，要與市場反著做就必須有更嚴謹的規畫，停損到了一定要果決離場。**

　　單井的操作實例，就是沒有把握住上述兩項原則，在我的交易歷程中，留下一個很深刻的慘痛經驗，以下開始述說操作單井的經過。

　　有一位哲人說過：「沒有理論指導的實踐是盲目的實踐。」以 K 線的技術來說，要判斷一個商品的趨勢，會以長天期的月 K 線或周 K 線圖來判斷，亦即以月、周線來看大勢。

案例解析：單井（3490）

單井在 2014 年 5 月時被我注意到，當時的月線走勢如下圖。

- **階段1** **壓力測試**

圖2-13 單井（3490）月線圖

上圖是單井的月線，時間從單井上市開始，2007 年 10 月到 2014 年的 5 月。

從整張圖來看，整體的 K 線走勢，大都在 20 到 50 元左右徘徊，

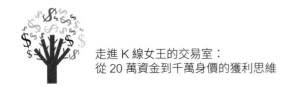

這種徘徊的感覺像是要上漲，卻漲不上，要下跌，卻又跌不下，在一個價位區間的範圍內遊走，以 K 線的技術來說，這種走勢屬於「整理勢」。

從細微處來觀察，單井從 2010 年到 2011 年 6 月，K 線的走勢大多數時間在 40 至 50 元間徘徊，到了 2011 年 8 月，一根大黑 K（圖 2-13 箭頭處）跌破了之前橫向徘徊的 K 線走勢，這使得前面橫向徘徊的 K 線變成了一股套牢賣壓區，而這一股壓力區的上緣，大約在 50 元左右，形成一條無形的線，這條線稱為壓力線（圖 2-13A 線）。

從月線看大勢來說，單井現階段可以得出兩個結論：

第一、趨勢是整理勢。
第二、壓力線在 50 元。

就 2014 年 5 月的走勢而言，碰觸到壓力線後回下來，且回得不深，若是有能力突破並且站上壓力線，就有機會將整理勢扭轉成上漲勢。

上述的分析，以當時已有技術分析能力的我來說，是一種反射性動作，且對於自己的分析結果也頗具信心，接著來看單井日 K 線圖。

圖 2-14　單井（3490）日線圖

圖 2-14 日 K 線圖，時間為 2014 年 1 月至 6 月。

我發現單井的時間點是 2014 年 5 月 7 日，即在上圖Ⓐ處，當天的 K 線是一支漲停的大陽 K 線。我在這一支大陽 K 線當天有進場買入多單，進場理由如月線分析所述，50 元的地方有一條壓力線，箭頭Ⓐ的大陽 K 線相當強勢，疑似要突破上面的壓力線，若是真能突破，將有機會改變趨勢，把現行的整理勢轉為上漲勢，未來將有可觀的利潤。

我在Ⓐ處進場買入多單後，在 B 區出掉此筆多單，理由是在 B 區的走勢中，走出一個個相互並排的 K 棒，這種並列排序的走法，加上

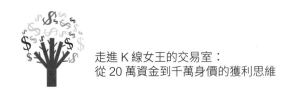

裡面每一支的 K 線相對變小，表示交易清淡，把錢一直放在裡面，只會浪費時間，所以我就出掉這一筆多單，轉移目標到其他股票。

賣出之後，單井的日線走勢如下圖。

圖 2-15　單井（3490）日線圖

圖 2-15 Ⓐ 是我買進的時點，B 區是我出掉多單的區域。

當我出掉單井的多單後，我就把這檔股票從我的視線中移除。後來單井的走勢，在上圖箭頭①處，一支大陽 K 線突破了 50 元的壓力線，並且在隔日延伸續漲，之後的趨勢便從原本的整理勢轉為上漲勢。我沒有想到這檔股票可以漲得又快又高。

直到圖 2-15 箭頭②處，我才再次注意到它，當天從開盤到收盤都維持在漲停價，形成開收同價漲停的 K 線，市場上也開始出現單井的各種好消息，這讓我重新關注曾經擁有的舊愛。

單井突破了 50 元之後，直接衝到了 60 幾元，從月線圖可以知道，60 多元以上就沒有任何的套牢賣壓，這對於想要做多的人來說，是一個不可多得的好機會。

不過，舊愛固然美麗，但我的臉皮卻拉不下來，當初在 40 幾元甩掉了單井，現在要我去追在 60、70 元，這就彷彿在告訴我：「當初還是一隻醜小鴨的時候，你不呵護我，現在我飛黃騰達了，你卻想要攀附我。既然你想要擁有我，那就要付出更高的成本囉！」我的心裡早已懊惱難受，再加上好馬不吃回頭草的傲氣，漸漸的由愛生恨。

錯過了單井 60、70 元的上車機會後，從上圖可知，單井的走勢頭也不回地持續上升，但我還是一樣傻傻的一張多單也沒有，眼睜睜的看著這一切發生。

「我不想要把單井從視線中移除，相反的，我要在暗處跟蹤你，等到時機成熟，我會出手毀了你。」這是我當時心中的想法，現在回想起來，簡直就跟恐怖情人沒兩樣。

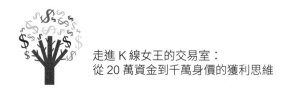

• 階段 2 放空計畫

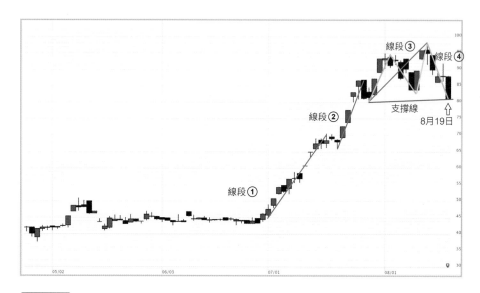

圖 2-16 單井（3490）日線圖

我已經有了想要毀滅單井的想法，想要跟大趨勢對抗，毀滅一檔正在上漲的股票，就是希望這檔股票的股價趕快下跌，跌得越深越快越好，所以我摩拳擦掌地準備大力放空它。

當有了放空的念頭，我並沒有意氣用事，無腦放空，而是經過一番分析推理過後，才做出放空的決定。

分析推理過後，有三個理由支撐我可以去放空單井。

1. 單井從 40 多元漲到上圖最高價 98.3 元，一共花了三次的線段完

成（上圖線段①、②、③）。因為第一段的漲幅明顯大於第二、三段，表示漲勢轉弱，要直接繼續上漲的機會變小。

2. 在上圖線段③是最後一段的上漲段，而上圖線段④下跌到前面線段③的起漲點，這就好像兩軍交戰，敵軍拿下了我軍的十座城池，但是我軍不久後又奪回了這十座城池，這暗示原本以為敵軍戰力很強，但後來發現，其實我軍也不弱。上圖線段④跌到了線段③的起漲點，這不正暗示著下跌邊與上漲邊的力道差不多嗎？

3. K 線每日間的組合，會組出一些形狀，用這些形狀來推測行情就是大家所熟知的「型態學」。在上圖黃色的線段，很像是一個 M 的形狀，也就是 K 線型態上所謂的「雙重頂」，當雙重頂的形狀出現的時候，未來的走勢有比較大的機會往下跌。

基於上述三項理由，很有力地支持著我想要放空的想法，所以我在 8 月 19 日的大黑 K 處放空單井。

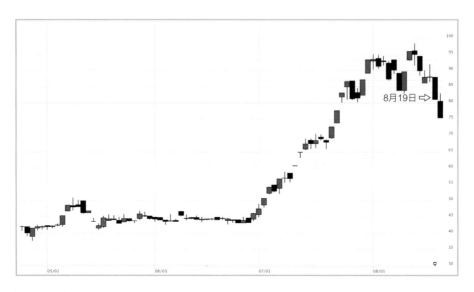

圖 2-17 單井（3490）日線圖

　　我在 8 月 19 日進場放空，放空價位約在 80 多元，隔了一日，走勢果然如自己預期的下跌方向走（如圖 2-17），我內心想：「這一筆穩賺了！」

　　有的時候，放空一筆單子，倘若有了獲利，當然很是開心，但是更讓人感到愉悅的是，看到許多股友們在網路上說：「我住在 90 樓，請問該怎麼辦？」這一類無助的發文，對於放空的我而言，彷彿證明自己與眾不同且擁有超群的智慧。

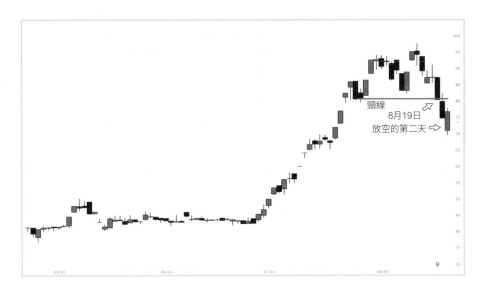

圖 2-18 單井（3490）日線圖

　　時間來到放空單井後的第二天，這一天 K 線的走法是一開盤就開低，但沒多久，我就看到看盤軟體上的分時明細表，不斷有紅色的數字湧進來，這代表不斷有人買進，而且價位也逐漸被推升，到了收盤，還收在比昨天收盤還高的位置，這讓我原本未實現獲利吐了一些回去。

　　雖然這一天收盤後，我帳上的獲利減少，但整體而言還是賺錢，而且就技術分析的角度，下跌後回測頸線是很合理的，「如果真的回測到頸線，我再繼續加空。」我在心裡暗自盤算著。

　　作為全職交易員，每天有四個半小時會在螢幕前盯著台股的變動，但這只是基本款，盯盤的同時還要自言自語，將自己的分析說給自己

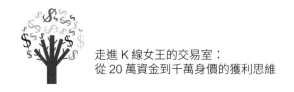

聽，那才是一件真正有難度的事情，所以我也常常會上網用通訊軟體跟使用相同技術分析的朋友聊一下行情。

就在我放空單井後沒多久，有一位朋友私訊我：「欸！我覺得單井上面的頭部很大，壓力重重。」

我：「真的假的！你也這樣覺得嗎？我空在 8 月 19 日。」

朋友：「嘖嘖，這麼好的標的，怎麼不跟我報牌？」

我：「哎喲，感覺要回測頸線耶，你還有機會可以空在更高的地方。」

朋友：「我就是看到它要回測頸線可以空，才跟你說，原來你早就空了……」

果然，英雄所見略同，朋友與我對於行情的分析，都有相同的見解，這也加深了我放空的信心。

- 階段 3 加碼放空

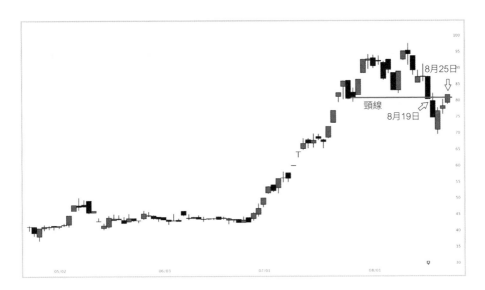

圖 2-19 單井（3490）日線圖

　　在與朋友聊完後二天，行情上漲到預期的頸線處（圖 2-19 箭頭 8
月 25 日），此時，就照原定計畫，我在頸線位置附近加碼放空，而我
朋友進場做第一次的放空。

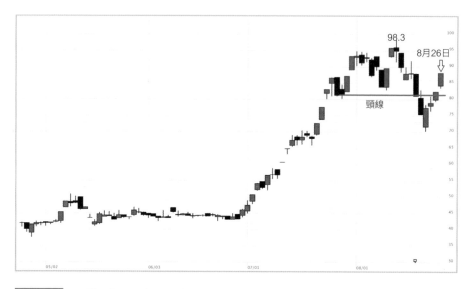

圖 2-20 單井（3490）日線圖

　　在加碼放空後的隔一天（圖 2-20 箭頭 8 月 26 日），行情持續上漲，這一天幾乎是漲停作收，雖然看起來多方很強，但我認為行情走勢已經進入壓力區，我只要守好我的停損點（上圖 98.3 元處）就好，空單續抱。

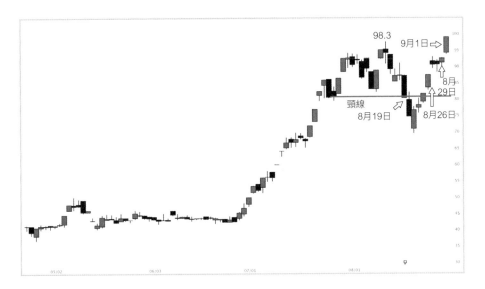

圖 2-21　單井（3490）日線圖

　　在 8 月 26 日漲停後的連續三個交易日並沒有延伸續漲，而是走出並排的走勢，感覺就像是即將漲到前次高價 98.3 元，但多方膽怯了，不敢再往上攻高。所以我在 8 月 29 日做第二次的加碼，而且跟我一起放空的朋友也同時傳來訊息，說他的想法跟我一樣，萬一這邊往下跌，上面的頭部就會更大，賣壓就會更重，所以他做了第一次的空單加碼。

　　到了 9 月 1 日，行情走勢突破了原先預設的停損點 98.3 元，而且當天是收在漲停價，按照紀律，我應該要在這邊停損，但是依照過往看圖的經驗，其實有很多圖形都是漲過前波高點後才轉折向下，這在 K 線分析的技術叫作「噴出做結束」。

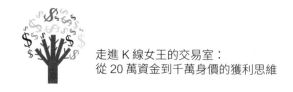

　　而我朋友更進一步地說，如果是「噴出做結束」，就會做出一個更大的雙重頂，再過不久就會跌下來了，而且會跌得更重更深。

　　不論是我的分析還是朋友的推論，我們的答案都是一致的，雖然 9 月 1 日噴出一根大陽，再過不久走勢就會轉為下跌，所以我們兩人在 9 月 1 日這一天繼續加碼放空。

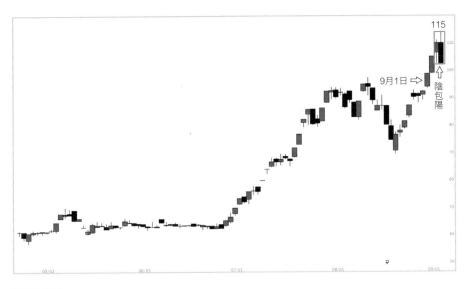

圖 2-22 單井（3490）日線圖

　　在 9 月 1 日做了第三次的加碼後（見上圖 9 月 1 日），連續兩個交易日持續往上漲，但人在江湖情義為先，只要我朋友不退，我也不輕言退出，秉持著這種信念，讓我挺到了 9 月 4 日，在 9 月 4 日這天收出一支大黑 K，上圖中 9 月 3 日與 9 月 4 日兩日 K 線間所形成的互動關係，在 K 線分析上稱為「陰包陽」。當我看到陰包陽，心中大喜，想說：「這次真的穩了，未來一定是下跌，而且是下跌很快速的那一種，如果不如預期，我就停損在陰包陽的最高價 115 元。」

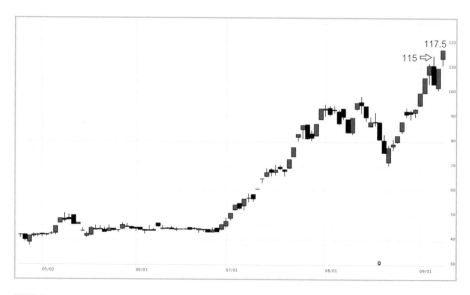

圖 2-23 單井（3490）日線圖

在陰包陽後的兩個交易日，走勢不跌反漲，這時候價位已經來到
117.5 元，又再次突破了預設的停損點 115 元，而且價位已經離我的成
本相當遠，但朋友不退，我也不退，義氣相挺到底，不停損繼續死抱
著，跟他拗下去了。

「沒事的，我有做資金控管，現在受的傷我都還承受得起。」我心
中想著。

「說不定明天就要跌停，如果明天跌停，或許就真的反轉了也不說
定，所以就繼續把空單保留住好了。」我仍繼續幻想著。

- 階段4 檢討覆盤

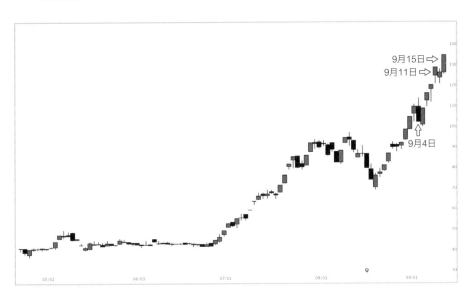

圖 2-24 單井（3490）日線圖

在 9 月 4 日形成「陰包陽」後，單井連續上漲四個交易日，第四個交易日也就是上圖的 9 月 11 日，單井這一天又漲停，朋友因為虧損太大，再也受不了，留了一句「保重，我精神與你同在」，就先回補離場了。

這時候我心裡想，反正已經賠很大了，再看一下沒關係，此時心態已經整個歪掉了，大無畏的精神超越了該遵守的紀律。

到了 9 月 15 日，當天行情繼續往上漲，還漲過了朋友出場的價

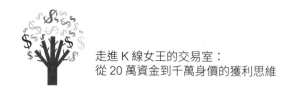

位，剎那間，我彷彿有種時光倒流的感覺，回到 2009 年在操作遠雄的時候，被軋空心中煎熬的感覺頓時湧現，倘若現在我繼續拗下去，有可能再次重蹈覆轍，我再也不願意經歷那樣的痛苦了，所以在 9 月 15 日我決然不拗了，毅然停損出場。

單井這一檔從母單的建立到後續的加空，我一共進場放空了四次，平均成本約在 91 元，而我停損離場的價位約在 132 元，整體虧損率約 45%，虧損金額相當於 2014 年前面九個月所賺到的錢，也就是說我 2014 年因為這筆虧損，之前所做的努力都在做白工，這對於一位全職交易者而言，無疑是付出了慘痛的代價。

這一次的教訓，其實就是違犯了本案例一開始講到的逆勢操作兩個原則：

- **在技術上要能抓得到即將反轉的訊號。**
- **在心態上要不斷告訴自己是在逆勢操作，要與市場反著做就必須有更嚴謹的規畫，停損到了一定就要離場，不能有任何的遲疑與幻想。**

圖 2-25　單井（3490）日線圖

　　以技術分析而言，我原先的分析完全是用「對己有利」的技術來對抗大趨勢。我們來重溫一下，剛注意到這檔股票時，發現只要走勢突破上圖藍色線條的壓力線，趨勢就會從原先的整理勢轉為上漲勢，所以我在Ⓐ當天買入，希望走勢能一舉突破壓力線，但後來行情轉為清淡，為了不想耗損時間上的成本，所以我在 B 區域出掉所有多單；直到②時我才再次關注到這檔股票，但此時心中帶有一股技術分析者的傲氣，沒有買在①由整理勢轉為上漲勢的起漲點心中很不舒服，於是由愛轉恨，準備空爆它。

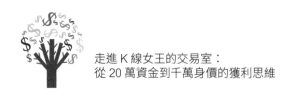

　　一個趨勢的轉變是非常困難的，通常都要磨耗掉很多時間，才有辦法達成；同理的，一個趨勢轉變後，也很難立即被扭轉。當單井的走勢突破上圖中的壓力線後，趨勢已由整理勢轉為上漲勢，要在短時間轉變為下跌勢是一件非常困難的事，而我因為主觀上想空它，就拿一些技術，例如：「雙重頂」、「回測頸線」、「噴出做結束」等，來支持自己的主觀想法，**硬生生地將技術分析首重趨勢的判別這項最重要的要素視而不見**；也就是說，我投入太多主觀的想法，胡亂套用了技術，幻想未來的行情走勢都往我推論的方向走，這根本是癡人說夢的心態。

單井（3490）日線圖

　　從上圖可知，①突破了 50 元的壓力線後，走勢便開始沿路上漲，漲至 10 月 2 日最高價 178 元，上漲趨勢才告休息，漲幅達 2.56 倍；由此可知，只要趨勢由整理勢轉為上漲勢，漲幅往往都有倍數以上的行情，如果硬跟著大趨勢對做，無疑是螳臂當車，自尋死路。

　　再者，心態上亦不健全。除了「愛不到就想毀了你，買不到低點就想空爆你」的錯誤心態影響技術上客觀的分析外；朋友間相互討論行情變化，的確可以透過意見的互換，補足自身交易上的盲點，但交易畢竟是自己的事情，賺賠還是要自己承受，所以買賣進出最終的決策，還是要回歸 K 線圖在技術上告訴我們的義理，該進就進，該出就出，絕對

161

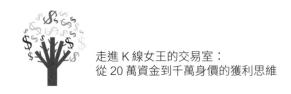

不能以朋友的意見或決定作為自己進出的依據。

　　最後，儘管我已將資金進行控管，但我做的是空單，就理論而言風險無限，而且是跟上漲趨勢對著做，如果死不停損，甚至都有破產的可能；因此，逆勢操作一定要嚴守紀律，該停損就要果決停損，而不能以自身的幻想一直調整停損價，無限制的拗單。

重 ｜ 點 ｜ 結 ｜ 語

- 不要跟股票談戀愛，愛恨越是分明，越容易流連在情感間，失去了應有的理性判斷，以至於會有愛到死心塌地的時候，只操作同一檔標的；或是愛不到便由愛生恨的想法，而侷限了操作的靈活性。
- 逆勢思維固然重要，如何運用得當才是真正的課題，順逆關係在思維間要不停轉換，而非帶有先入為主的想法，預設立場只會讓自己在操作上出現更多的漏洞。

焦｜點｜掃｜描

- **心態**：勿先入為主，應做更嚴謹的分析，而非聽從他人的想法，就盲目跟從。

- **技術**：心態上的偏誤，多空方向在分析前已經決定，以至於在技術推理上胡亂套用，妄想用各種技術名詞來支撐自己主觀的看法，而忽略了最重要的趨勢方向。

- **控管**：雖有分批進場，分散風險，但由於是逆勢單，停損就要更嚴格地執行。

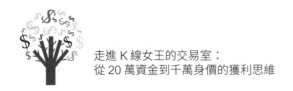
┃K 線小教室

1. 壓力線

　　將 K 線圖中三個相差不遠的轉折點相連線，即形成「壓力線」，未來走勢碰觸此壓力線，漲勢將會受到阻礙，如下圖所示。

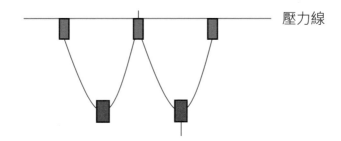

壓力線

2. 雙重頂

　　即坊間所謂的「M 頭」，因為形狀很像兩座山峰相連在一起，且發生的位置處在 K 線圖的頂部，所以稱為「雙重頂」；走勢如果跌破雙重頂之支撐線，就會由「整理勢」轉為「下跌行進勢」，如右圖所示。

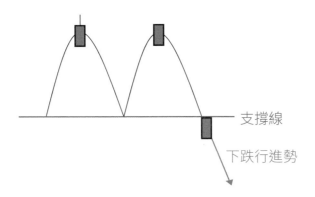

3. 回測頸線

　　以上述雙重頂為例，當走勢跌破支撐線，支撐線就變為「頸線」，但走勢往往不會立即下跌，而是回頭再去測試頸線壓力的實虛，如果壓力為實，才會開始延伸下跌行進勢；「回頭測試」的這個動作就稱為「回測頸線」，如下圖所示。

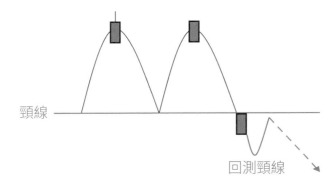

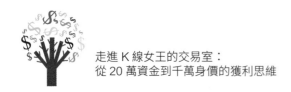

4. 噴出做結束

　　發生在上漲趨勢中，已上漲很多段，在無力繼續上漲時，因散戶的湧入或空單回補，產生實體大陽 K，往往在次日就會產生反轉，是重要的轉折訊號，如下圖所示。

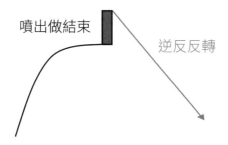

5. 陰包陽

　　第一日為大陽 K，第二日為大陰 K，而且第二日大陰 K 的實體完全把第一日大陽 K 涵蓋掉；若發生在漲勢行進中，往往會產生反轉走勢，是重要的轉折訊號，如下圖所示。

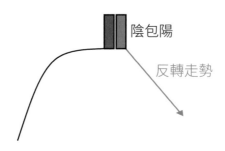

失敗課 4

心態散漫，觀念不清：兵敗股票期貨

　　疫情期間，為了響應政府「#好家在我在家」的口號，我也是乖乖待在家中，雖然本身作為全職交易員，基本上已經是超前部署，早在多年前就偽自主隔離，總是隔著螢幕，與全球市場為伍，根本就不太會出外走跳，但有了政府的呼籲作為藉口，讓我閒暇時更可以心安理得的在家追劇，我最近追的一部劇，叫作《大秦賦》，劇中講述的是中國戰國時期到秦國統一的歷史故事。

　　在《大秦賦》這部劇中，裡面的一些故事橋段，使我回想起過往的交易情景，不免心生感嘆，雖然劇中的故事與金融交易無關，但在人性的刻畫上，與交易的心路歷程卻有異曲同工之妙。

　　在劇中，有一段故事在講述趙國的第九任君主的王位爭奪，原本的王位繼承人叫作趙俳，但他的弟弟趙偃使用詭計讓自己成為趙國君主。其實王位爭奪戰在歷史上可以說是相當常見，但問題就在於趙偃這個人，史書給他的評價是其人生性多疑、陰險狡詐、心狠手辣，為了爭奪王位，他使用了狡詐伎倆得到了這個位置，但等到他真的治理一個國家的時候，他的那些小聰明，根本沒有辦法駕馭好這個王位，他只知道王

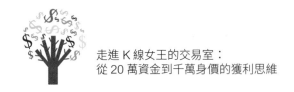

位是個可以得到利益的東西，但卻不知道如何當好一個君王，間接成為趙國日後滅亡的因子。

在交易上，金三角的六個要素中，「技術」是最多人感興趣的主題，而「觀念」最容易被忽略；觀念主要講的是遊戲規則以及各種商品的特性，一般大眾操作的商品通常是股票，而且以買進為主，如果有人跟你說他買股票買到破產，有可能嗎？除非是借錢買股票，不然在不動用槓桿的情況下，以全額買入股票，頂多也就是吃下市「龜苓膏」，把買進股票所付出的錢全部賠光而已。

真的能讓人破產，還欠下一屁股債的，非衍生性金融商品莫屬。衍生性金融商品因具有高槓桿的特性，所以壓對寶時，獲利非常豐厚且快速，因此很多人對這類商品趨之若鶩；然而，高報酬通常伴隨著高風險，壓錯寶時，賠錢的速度猶如山崩一般瞬間垮落，嚴重者甚至會讓人負債累累，難以翻身。

舉凡期貨或選擇權都屬於衍生性金融商品的一種，以期貨而言，只需要花少少的保證金，就可以操作價值十數倍的商品。比方說台指期，假設指數在 18,000 點，台指期每點價值為 200 元，總合約價值就是 200 元乘以 18,000 點，等於 360 萬元。以全額買入股票的思維而言，應該要準備 360 萬元才能操作這個商品，但期貨商品只需要付出規定的原始保證金就能買賣這個商品，2020 年 6 月台指期原始保證金是 184,000 元，換句話說，只需要付出 184,000 元就能夠操作 360 萬元的商品，槓

桿倍數將近二十倍。

　　在這資訊發達的年代，這類商品交易的基本條件只要上網查一下就可以得知，我卻曾經栽在這種低級錯誤中，這故事要從 2018 年說起。

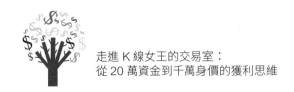

案例解析：被動元件族群股

提及 2018 年的股票市場，整個上半年最具話題性的產業莫過於被動元件，就產業面而言，當時就有許多消息指出，國際上知名被動元件廠，將產能轉投至汽車市場，使得台灣被動元件廠因供需失衡產生的轉單效應，帶動營收大幅成長。

在這些消息曝光之前，台灣許多被動元件廠的股價，像是國巨（2327）、奇力新（2456）、華新科（2492）、信昌電（6173）……，都已經先行反應，其中以國巨為領頭指標股，可以參見圖 2-27 國巨的日線圖，從 2018 年第一季過後，就可明顯感受得出有向上攻擊的力道。

- 階段1 **類股指標浮現**

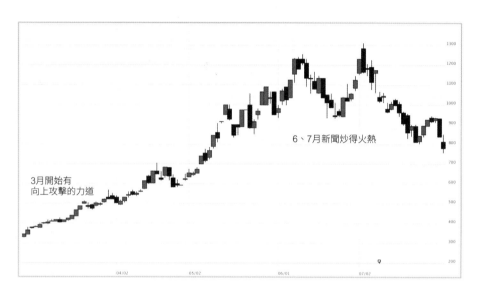

6、7月新聞炒得火熱

3月開始有
向上攻擊的力道

圖 2-27 **國巨（2327）日線圖**

　　時序來到 2018 年的 6、7 月，正是被動元件各種利多消息紛至沓來的時候，當時只要打開財經新聞，大概每三則新聞就有一則是關於被動元件的相關報導。然而，從 K 線的走勢來看，7 月的國巨，敗象就已經漸漸出現了（如圖 2-28）。

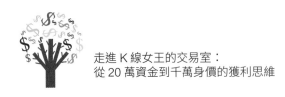

圖 2-28　國巨（2327）日線圖

　　國巨從 3 月到 6 月，總共漲了三大段，而且頻創歷史新高價；在
6、7 月，儘管新聞不斷播報被動元件的各種好消息，但走勢在 K 線圖
上已經走出了一個形狀，這個形狀若是請小朋友來辨認，小朋友會說這
就是知名速食店 M 的模樣，沒錯！國巨在 6、7 月走出來的就是一個俗
稱的 M 頭的型態（上圖Ⓐ區），而且因為左肩比右肩高，形成左低右
高強勢的雙重頂，當時走勢就開始展露敗象！到了 7 月中下旬（上圖
Ⓑ區），走勢彈回接近紅色的那條頸線附近，在技術分析上稱為「回
測」；在 7 月 30 日（上圖Ⓒ）以一根大黑 K 帶動後續的下跌趨勢（接
續圖 2-29）。

圖 2-29 國巨（2327）日線圖

　　當國巨的敗象出現時，市場還是持續投以關愛的眼神，這時候的我，對被動元件族群已從多方轉為空方思維，這在心態上需要有很大的勇氣，畢竟是要跟著市場反著做，不過我仍秉持著自己的信念，拋開雜亂的市場音訊，回歸技術面，越過「從眾」那一道難過的坎。

　　接下來就要開始挑選放空標的，國巨雖然走跌的跡象越來越明顯，但並不是我的首選標的，最大理由是股價太高，這會影響到進場放空的張數受到限制，這與交易金三角中的「資金」面向有著很大的關係。假

173

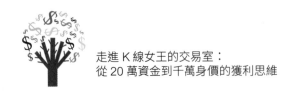
設我打算用 300 萬元做空被動元件族群，以國巨 900 元的價位來說，我只能空三張，如果我能找到技術分析上類似的圖形，但卻是比較低價的個股，我能放空的張數就不只三張，而是更多張，讓我可以分批進場，降低錯誤所產生的風險。

看了一輪被動元件的相關個股後，我決定把主要資金放在信昌電（6173）這檔股票上；信昌電在當時的股價大約 100 元左右，在股價波動的承受度上，對我來說這是一個舒適的價位，這點對操作者而言非常重要，因為唯有心情舒適，盤中不受價位高低起伏波動的影響，才有辦法客觀地做出正確的進出決策。

信昌電的走勢與國巨略有不同，但同樣都有敗象顯現，先來看信昌電當時的 K 線圖。

- 階段 2 謹慎獲利

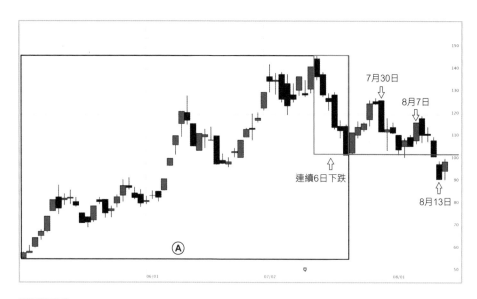

7月30日

8月7日

連續6日下跌

8月13日

圖 2-30 信昌電（6173）日線圖

跟國巨一樣，信昌電在 2018 年上半年呈現強勢的攻擊姿態（圖 2-30 Ⓐ區），到了 7 月中旬，突然間從高點 146.5 元急殺了 6 日，最低來到 100 元左右，這 6 日的下殺，是信昌電由多頭漲勢轉成高檔整理勢的訊號，同時也是我注意到這檔股票展露敗象的開始，但隨後幾個交易日，沒有延伸下跌，反而轉折向上。

到了 7 月 30 日，國巨回測頸線後出現大黑 K 線那天，信昌電也出現了一根大黑 K 線，當晚我暗忖著：「今天這一根大黑 K，頗有轉折

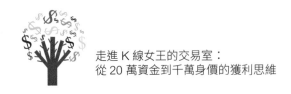

下跌的意味，如果可以複製前面連續 6 日下跌的幅度，是一個還滿不錯的利潤！」當天我就想好了進出場策略，停損設在 7 月 30 日的高點，停利大約在 85 元左右。

隔日信昌電開盤開在平盤，我空在平盤上幾個檔位，心中竊喜，居然可以空在昨天收盤價以上，真是太幸運了，但當天收盤收出一根實體小、上下影很長的陽 K，而且收盤價還比昨收價高出幾個檔位，並沒有如我預期的下跌，但既然沒有達到停損價，決定就先不出場。

經過了三個交易日，股價並沒有照著我原先規畫的一樣一路下殺，這時候我開始沉不住氣，心情越來越焦躁，到了 8 月 7 日當天多頭仍不死心，買氣開始湧進，我便在接近成本價附近將空單回補，當天最後收在漲停價，所以收盤時我僅能安慰自己：「雖然走勢沒有如預期下跌，但我也滿機靈的，回補的位置不算差，沒賠到錢，還算不錯！」

在 8 月 7 日把手中的空單部位回補後，之後的連續三日走勢卻接連下跌，這讓我非常難受，8 月 13 日一開盤就開在過往支撐線以下（圖 2-30 紅線處），這代表空方真的很強，我看到這個訊號，馬上調整好心情，開盤後沒多久就進場放空，當天收盤收在跌停價，那時我心中覺得：「這一檔總算是穩了！」

殊不知，隔天開盤直接跳空開高昨日黑 K 的一半，生怕賠錢的我如驚弓之鳥般，再次將我的空單回補。

這兩次的空單雖然沒有賠到錢，但卻做得不夠漂亮，尤其是 8 月 13 日那一次的放空，當我回補完這筆空單後，立刻想到走勢有可能是要回測頸線，我不應該回補，反而應該在回測頸線時加空。

雖然這兩次的空單操作得不夠漂亮，但因為有實際操作，讓我可以深刻感受這檔股票的走勢慣性，在下次操作時更具信心。

第二次信昌電的空單，在回補完的瞬間，我立刻知道很有可能補錯了，當天晚上，再次調整心態，重新擬定操作策略，以「在回測頸線時放空」作為下一次進場放空的點位。

圖 2-31 是信昌電我後來幾次放空的位置，標示於圖上。

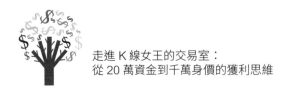

圖 2-31 信昌電（6173）日線圖

圖 2-31 紅色的線是一條頸線，這是一條無形的壓力線。

8 月 16 日的上引線曾經測試這條無形的壓力線，結果多頭反攻失敗，如果反攻成功，8 月 16 日當日應該要收一根以陽體為主的 K 線，代表多方真的有能力戰勝這一條無形的壓力線，但當日並沒有收出以陽體為主，而是收出留有長上引線的陽 K，暗示這一條無形的壓力線有沉重的賣壓。

有了 8 月 16 日上引線做為放空的參考點，我就在隔天空 ① 處先進部分空單，並在空 ② 處繼續加碼空單。在 8 月 27 日收出一根漲停的大

陽 K 線，如果是以前的我，一看到漲停，肯定會耐不住性子，腳底抹油把空單直接補掉，但因為前面兩次放空給我的經驗還記憶猶新，所以這次我完全依照技術，即使當天漲停，只要沒有超過上方無形的壓力線，我都不會出場，相反的，我還要再繼續加空。

果不其然，在 8 月 27 日漲停後的四個交易日的 K 線都很小，代表這幾日的動能突然轉弱，動能轉弱不利於上漲，有了這項依據，我又繼續加空了兩次（見空③、④）。

這四次的空單進場，我把空單的倉位建立起來，大概用了先前規畫操作被動元件資金的八成，放空方式都是以融券放空，雖然融券放空有機會把放空的資金賠光甚至倒賠更多，但我所動用的資金占整體資金還是有一段差距，所以在資金控管的部分相對安全。

接著來看看信昌電的後續走勢。

179

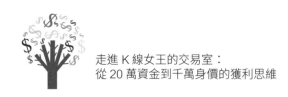

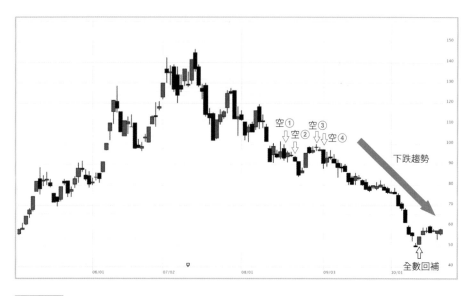

圖 2-32 ▌ 信昌電（6173）日線圖

　　很幸運地，這次的放空算是大獲全勝，穩穩地抱了一大段，空單平均成本在 97 至 98 元間，一路往下抱到 55 元左右全數回補，獲利率接近 45%，一個半月左右達成這樣的報酬率，結果令人滿意。

　　由於信昌電這一檔再往下跌的利潤已經不大了，回補後，我開始找尋下一檔標的。在 2018 年的 10 月，被動元件族群幾乎已全面走跌，加上當時台灣的加權指數已連續數周下跌（如圖 2-33），憑藉著前一次放空股票獲利的氣勢，所以我仍選擇繼續做空，積極尋找放空標的；被動元件族群中的華新科（2492）就成為了我下一個狙擊的目標。

2018年10月加權
指數連續數周下跌

圖 2-33 加權指數周線圖

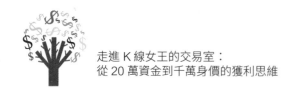
• 階段3 錯誤類比

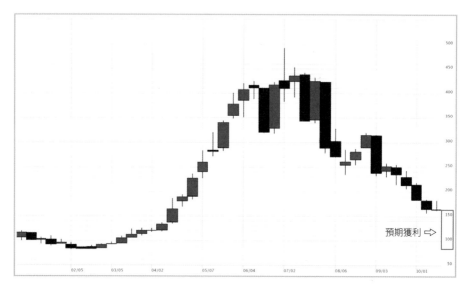

圖 2-34 華新科（2492）周線圖

　　先來看華新科（2492）當時的 K 線圖形，上圖最右邊的時間是 2018 年的 10 月中旬，也就是我剛回補完信昌電時。在股票市場中有一句老話：「怎麼上去就怎麼下來！」當時我也是這麼想的：「信昌電一路下跌，跌到了一開始的起漲點，華新科應該也可以如法炮製吧！」「華新科的起漲點在 84 元左右，現在的價位在 160 元，大約還有 48％的利潤（上圖綠框處）。」想到這裡，我忍不住暗自竊喜。

　　不過，我在放空信昌電的時候，有個問題一直困擾著我，那就是放

空的券源不足。我在放空信昌電的時候並沒有辦法放空非常多張數，這是由於台股制度的關係，能夠融券的張數相當稀有，這也是為什麼當時放空信昌電只動用到規畫放空被動元件族群資金的八成，想要再多空一些也沒門，券商那邊已經沒有券了。

為了解決融券不足的問題，我想起了股票期貨（股期）這個工具。我有一位專做股期的朋友，在我做空被動元件的同一時期，他以股期做空被動元件，因為交易工具的關係，他實現的獲利遠遠超過我許多。

這要從股票期貨的特性說起，股期連結的標的是個股，如國巨、華新科都有股期，一口股期等同兩張現股，而股期原始保證金通常為契約價值的 13.5％；假設 A 股票每股 100 元，買兩張現股要花 20 萬元，買一口 A 股期，需要的金額只要 27,000 元，若股價漲 1 元，現股就賺 1 ％，但個股期則是賺 7.4％，相較於融券賣出股票槓桿 1.1 倍，股期槓桿為 7.4 倍。

股期除了有槓桿效果的魅力外，還可以解決我想要放空卻沒有券可空的窘境，基本上只要有成交的對手，就可以隨心所欲的掛出想要放空的口數，相當靈活。

這些商品基礎的特性問題歸屬在交易金三角中「觀念」的部分，而越基礎的東西，就是越讓人輕忽，回想那次的經驗，真的是我大意了。

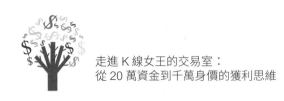

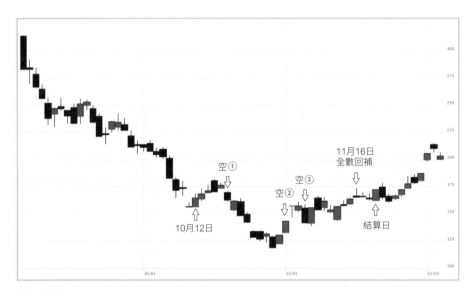

圖 2-35 華新科（2492）周線圖

　　先來看當時進場放空華新科的點位。圖 2-35 是華新科的日線圖，2018 年 10 月 12 日是回補完信昌電的時間點；這時候我將華新科作為我下一檔放空的目標，在 10 月 12 日後的 K 線走勢，出現了連續幾日的向上反彈，但力道相當弱，表示多頭上攻的意願不足，增強了我進場放空的信心。

　　在空①處，當天跳空開低，我隨即進場用股期放空部分口數，連續幾日一路下跌，然而，我並沒有非常喜悅，因為我在第一次放空的口數有點少，我希望它能夠有機會反彈上來讓我再進場加空。

　　神奇的是，它真的反彈了，我在圖 2-35 空②處進場加碼空，更在空③處見到疑似又要轉折向下的時候繼續加碼空單，此時我空單的平均成本大約在 153 元左右，這時候我相當滿意，空好空滿，畢竟我的獲利目標是看到 84 元的起漲點。

　　再來談談資金配置的部分，一開始在規畫資金的運用時，我自認為相當小心，打算參照之前成功的模式，先前放空幾張信昌電，我就比照辦理，放空幾口華新科，而放空華新科的原始保證金，大約僅占放空信昌電金額的三分之一。

　　但天真如我，竟然忘記股期的商品特性是現股損益的兩倍，也就是說原本我預期最多只能虧損一根漲停板，也就是虧損 10%，但如果是操作股期，在虧損同等金額的條件下，走勢只能上漲 5%。

　　當我空滿空好華新科後，股價卻是呈現緩步向上墊高，就在有天我盤中查看未實現損益時，才發現虧損比我預期來得大，這時我才猛然醒悟「我操作的是股期，不是現股！」，想起股期是股票損益兩倍的商品特性，頓時慌了手腳，因為停損點是根據技術推理設計出來的，但如果真的到原先預估的停損點才停損，屆時這筆單的虧損將會吃掉前面信昌電全部賺到的錢。

　　我心裡想著：「要我把前面賺到的錢全部吐回去，這種事免談！現在的股價約在 161 元，如果現在停損，大概會把前面賺到的錢，吐回去四成。」

185

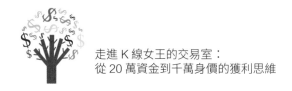

但是一想到要停損，就相當不甘心，而後衍生的想法就是「反正現在也只是在整理中，搞不好股價沒多久就會下去了，只要跌到我的成本價附近，我就全數出場。」

但世事豈能盡如人意，11 月 16 日（圖 2-35），華新科當天一早股價就往上衝，還衝過了我第一次放空的點位，我看了一下未實現損益，總共要吐回信昌電賺的錢八成以上，我心碎到了極點，真的不想把前面辛苦賺到的利潤吐回，但事已至此也無可奈何，於是我心一橫，按下了停損鍵，幾乎停損在當日最高價，才勉強守住僅剩的兩成利潤。

事後回頭檢視華新科這一筆交易，首先在心態上，我受到了前一筆放空信昌電勝利的影響，導致一味只想要做空，把操作應「多空並存，雙向思維」的心態拋諸腦後，落入死空頭的危險境地。

其次，在觀念上，不同商品有不同的交易制度與特性，要操作任何商品前一定要先查清楚並且熟悉它，以華新科這一筆交易來說，融券放空與做空股期雖然都是看空華新科的後勢，但因為兩者背後所表彰的張數不一樣，且動用的槓桿倍數有很大的差距，股價每跳動一個檔位，賺賠也會不一樣；這次交易的失誤，因為使用了平常較少操作的交易工具，觀念上還停留在平日慣用的融券交易，導致沒有跟著調整停損點位。

最後，在技術上，每檔個股的走勢都有其獨立性，信昌電有自己的走勢，華新科也有自己的走法，不能只因為兩者歸屬同一族群，就幻想會走出一模一樣的行情，一切都還是需要按部就班，就每檔個股客觀地

分析，擬定交易計畫進場買賣。

重 | 點 | 結 | 語

- 勝利容易讓人失去原有的謹慎，把每一筆單都當作學習，成敗是經驗的積累，損益只是附帶而來的結果。
- 運用槓桿可以達成短時間的暴利，但獲利與風險是並存的，使用槓桿交易更需要注意風險的控管。
- 每檔個股的走勢都各自獨立的，不要看 A 作 B，存有過多幻想。

焦 | 點 | 掃 | 描

- 心態：不要受先前單子影響，每次操作都是新的開始，各自獨立。
- 觀念：對於自己操作商品的交易制度與特性要熟悉。
- 技術：客觀分析，回歸圖意，不受其他商品走勢影響。

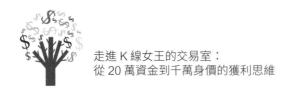

失敗課 5

股市菜鳥為什麼抱不住行情

Aaron 是我的學生，第一次見到他是在課堂的教室，他一踏進教室，我心中充滿疑惑：「先生你哪位？走錯地方了吧！」因為他不僅年輕，而且長得英俊挺拔，充滿明星氣質，怎麼會跑來交易教學的教室呢？直到他跑來跟我打招呼說：「老師好，我叫 Aaron，來學買賣的，請多指教！」我才確認他沒有跑錯教室。

當時他是一位大三的學生，態度沉穩內斂，學習態度又非常積極，轉眼間他已出了社會，開始工作，但他對交易的熱忱並沒有退卻，仍不斷地追求進步，超越自我，是我非常得意的弟子。

所以，最後的這個案例，我特別請他分享初入市場的失敗經驗，讓剛進入市場的新手，能以此為借鏡獲得些許啟發，避免犯同樣的錯誤，讓交易的路走得更平順。為了讓讀者能深入其境，本案例以 Aaron 的角度與口吻來撰寫。

股市打工仔

回憶起大學時期，因為校園與市中心相去甚遠，周遭也沒什麼娛樂，想當然耳，無論平日、假日，宅在家或學校附近走走就是唯一的選擇。有一次放假，學長邀請我去他們的宿舍打麻將，我既期待又怕受傷害，因為這是我人生第一次碰觸這款古老的桌遊。學長們都不是很迷信的人，但自從那次被我這個麻將菜鳥狠狠的欺負了一次之後，他們不得不信所謂的「新手運」。

一開始我看著他們打，一邊打他們一邊教規則。我注意到，這裡面有一位學長，真的是個理由伯，每次輸了都找一大堆理由，怪風水不好，不然就是怪自己的椅子手把斷了，什麼都可以牽拖，可想而知，這位學長成了大家常常調侃的對象。

那位怪東怪西的學長，簡稱理由伯學長好了，就在他連輸了幾圈之後，比了一個手勢，示意我過去坐他的位置讓我玩。

理由伯學長說：「今天是曹操背時遇蔣幹，倒楣透了！你來，這個位置給你。」還特別遞給我一把斷了一半的牌尺。就這樣，很倉促的，我半推半就的上了牌桌，正式展開我人生的第一場麻將賽，由於是新手，打的速度實在很慢，一開始我慢慢打，每一次都要花個十秒鐘思考該打出哪張牌，輪到我摸進一張牌之後，我愣了一下沒有任何動作。

學長 A：「怎麼了？」

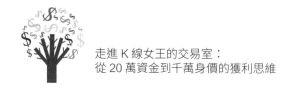
學長 B：「欸，有點久了，都快一分鐘了。」

學長 C：「隨便打一張出來啊！」

我：「好像不能丟了欸……」

這時候理由伯學長從廁所走出來，看到牌桌上一陣僵局，想說我這個菜鳥在搞什麼，便湊過來一看：「他胡了……」

我記得那天晚上，自摸個近十來次，或是連三拉三還安全下莊，臉最綠的就是那位理由伯學長，他發現他的衰運完全無法傳播到我這位新手身上。

其實，新手運也不是只有在牌桌上會大爆發，尾牙抽獎的時候也常聽說會這樣；我有位同學剛入公司的第一年部門尾牙，就抽到了二獎，頭獎給另一位新人抽到，這種冥冥之中有幸運女神眷顧的新手，同樣也出現在我初入股票市場時，這個被喻為合法賭場的地方。

2014 年，我初次接觸台股，那時候的我只是個單純的大學生，絲毫不知交易市場的險惡，也無法分辨報章雜誌或是新聞媒體消息的真偽，就這樣一頭栽了進來。

我大學就讀金融相關科系，心想著要學以致用，於是便懷著滿腔熱血，一股腦兒的往裡闖，雖然說要學以致用，但我知道，學校教授所教的投資學理論，期中、期末考題雖然我可以應付自如，不過要拿來套用在真正的股票市場上，還是明顯不足。

　　為了進入股票市場，我瘋狂的自己研究做功課，包括台股的交易制度，當時的漲跌幅還是 7%、交割日會在哪個時候、股票能不能當沖……制度面都弄清楚了，再開始翻閱相關書籍，想要找尋一套方法，幫助自己在買賣股票的這件事上，能夠無往不利。

　　起初，我到學校的黃金屋——圖書館東翻西找，找到的股市相關書籍都是偏向實務操作的，讓原本在象牙塔裡只接觸理論的我，彷彿找到了新世界，全心全意地將我求學的熱情貫注在研究股票市場上。當時的投資氛圍和現在的股市榮景簡直是天差地別，哪裡會有好幾千億的成交量，當時的成交量最慘的時候只有寥寥數百億，哪家券商快撐不下去的消息時有所聞。

　　在這種投資氣氛不興盛的環境下，我在學校裡能一起討論的對象屈指可數，甚至當你公開談論股市的相關議題，還會被同儕投射異樣的眼光，把你當成異類，於是我只能看書自修，自言自語與作者做無聲的對話，鮮少與人交流。在圖書館泡了一段時間，總感覺那裡的股票書籍老舊，與現實市場的環境有所脫節，所以我跑去網路書店，來看看有沒有「技術分析」的相關用書。找了一陣子，找到一本專講 K 線分析的書（編按：為本書作者早期著作），網路試讀的內容自成一格，與坊間一般的 K 線分析書籍完全不同，我心想：「這本書講的技術獨樹一幟，書價又定得高，這裡面一定藏有絕世的武功。」於是我立馬下訂單，拿到書後再搭配我先前在圖書館吸收的其他技術分析的知識，我就將資金投入市場，開始我的股市人生。

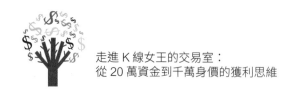
當時的心態是想在股票市場當個打工仔。我估算過周遭同學的收入，有的拚死拚活，在廚房裡洗盤子，一周大概可以賺三、四千元的打工費，有多益金色證書，在外頭接家教，一周也大概是賺三、四千元左右的家教費，所以那時我把一周賺 3,000 元當成目標。

人的個性多半會左右操作的習慣，比如說個性比較穩重的人，操作上就會比較謹慎；個性上比較急切的人，操作節奏比較快速。而我習慣在處理每一件事情時，都要求要有事先的規畫，如果事情超出原先規畫的範圍，就會感到惶惶不安，只求小功，避免大過，以棒球場上的打者來形容，就是只愛鎖定某種球路，而且打出去通常都是短程安打，只追求安全上壘。

就這樣，我帶著打工的心態與短打的操作習慣，踏上了我的股市之旅。一開始的交易過程，由於是新手，一買進股票手中抱著單內心就緊張得要死，賠一點點就跑，賺一點點也跑，來來回回持續兩周左右，股市生涯中最開始的六筆交易總結以小賠作收。

這結果令我滿難過的，畢竟前面花了這麼多時間在做功課，卻感覺沒有開花結果。不過我馬上調整心情，重拾我打工的心態，持續找尋下一個操作標的。

當你在人生低谷時，無論往哪個方向走，感覺都會是上坡，我一面迎接挑戰，一面期待新手運的發揮。

案例解析：祥碩（5269）

- 階段1 消息面選股

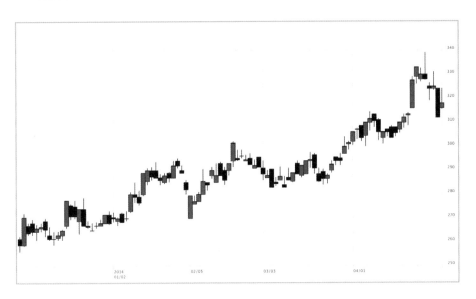

圖 2-36 華碩（2357）日線圖

　　就在小賠過後的周末，我不經意讀到一些新聞，像是「華碩估計今年全年手機出貨可達到 800 萬支，明年目標為倍增至 1,600 萬支」與「祥碩科技公開於自有的硬體開發平台上展示 USB 3.1 元件效能，數據傳輸率直逼 10Gbit/s」。

　　這一類資訊，每天翻開報章媒體都有一大堆類似的訊息，基本上當

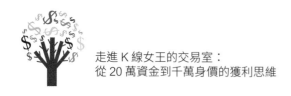

時我選股也是靠這些，先從報章媒體看一看現在報導哪些公司，然後打進這家公司的股號，查看 K 線圖，感覺線形不錯，就把它當成我的狩獵目標。

我首先打開華碩（2357）的 K 線圖，依當時技術能力，第一看不懂，第二股價太高，所以直接 PASS，圖 2-36 為 2014 年初，當時我看到華碩的日 K 線圖。

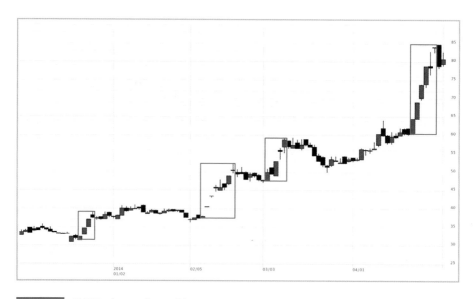

圖 2-37 　祥碩（5269）日線圖

再來看看同樣有好消息，同時也是華碩子公司的祥碩。圖 2-37 為 2014 年初，當時我看到祥碩（5269）的日 K 線圖。

依我當時分析 K 線圖的能力，我的想法如下：

1. 祥碩的價位可以負擔得起。

2. 根據我當時的操作聖經裡面對於「段」的定義是 4 日成段，就是說要能夠連續 4 日都走出相同的方向，代表「段」含有往同一個方向的慣性。有了這樣粗淺的認知，我就從圖上去找（上圖藍框處），心裡想說：「這個祥碩的段，比起華碩更容易認知，也更簡潔有力」，並且認為「這應該就是所謂的上升平台吧！」

3. 2014 年 4 月底的段，感覺漲得很強，而且今年以來的走勢都是向上，未來應該也會向上吧！

基於上述這幾點理由，我把祥碩擺在看盤軟體中自選股的黃金櫃位裡。周末挑選操作股票後，時間來到了星期一，等待驗證周末辛苦的成果。

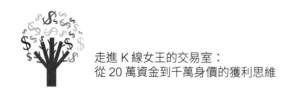

- **階段 2** 邊練功邊操作

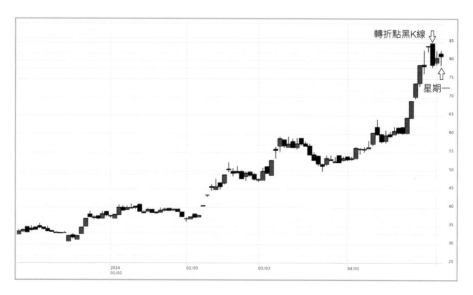

圖 2-38 祥碩（5269）日線圖

　　2014 年 5 月 5 日，這天是星期一，祥碩一開盤開在 82 元，漲幅有
1.4%。星期一開盤後的走勢，先微幅上漲，後下跌，跌到當日低點的
那一刻，我剛好有看到，日線上的形狀是一根全黑的 K 線，一副又要
繼續下跌的樣子，我心裡想：「會不會今天變成跟前兩天的轉折點黑 K
線一樣？」

　　接著我繼續推理：「如果今天收大黑 K 線，明天繼續跌的機率高，
所以今天就不買吧！」當我覺得自己的推理相當有邏輯後，就把祥碩從

黃金櫃位暫時移到後段位置的地方，把當天看盤的精力花在別檔標的上。

星期一這一天，我並沒有做任何買賣，有時候行情沒有照你想要的感覺去走時，你就會覺得盤很無聊、看不懂。

盯盤盯了四個半小時，感覺虛度光陰，也不知道自己在盯什麼，雖然在股市中，有一句老生常談的話：「不要過度交易」，但其實很多時候，是你不懂行情，而不是沒有行情，如果你懂走勢表達的意義，儘管是無聊的盤勢，你也可以從中看出 K 線圖要給你的訊號，進而進場做交易，只要是有憑有據的交易，就不算是過度交易了。

星期一盤後，繼續秉持著用功的精神，花了些時間在選股上，思考著有哪些股票可以晉升為黃金櫃位的名單，同時會分析我目前自選股裡的股票的走勢，當我看到祥碩禮拜一收盤後的圖形，很顯然，我的技術不到位，這種圖形我看不懂，感覺跌不下去也漲不上來，我原本期待著今天能夠突破前轉折黑 K 線，那我就會進場買進，但行情並沒有照著預期的方向走，不過也無所謂，既然看不懂，那就去找看得懂的圖形做吧！

盤後的其他時間，我繼續鑽研書籍內容，我當時把「段」的章節內容看完了，下一章是「空間力量」，空間力量講的是，行情走勢在一個區間內，上上下下、來來回回，但就是沒有辦法脫離那個區間，接著書上就把空間力量的不同形狀以及對於後勢的推理給整理出來。

197

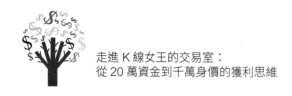

在一個「段」中也會有空間力量，書中稱之為「旗」，從旗這個字的字面意思，就可以知道走勢走出來的樣子就像是旗幟的樣式。一支旗幟，可以分為旗杆與旗面，同理，在 K 線圖上，對於旗形的定義也是會分為旗杆與旗面，而旗面是代表漲跌行進中，行情需要短暫的組合而形成的空間力量，另外，旗面的幅度與時間不得大於旗杆，這是書中對於旗的定義。

旗杆向上為上漲的旗形，反之，旗杆向下為下跌的旗形。

此外書中對於「旗面」還可以分為矩形，或三角形⋯⋯對於後勢的推理都不同，但大致上，整理過後都會順著前面的漲跌方向繼續延伸；這是我每天盤中、盤後都會做的例行公事，馬不停蹄地鑽研這充滿未知的領域。

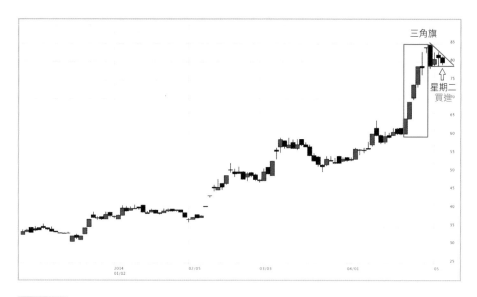

星期二
買進

圖 2-39 祥碩（5269）日線圖

　　很快地，時間來到 2014 年 5 月 6 日星期二，一如往常的我打開看盤軟體，尋找我可以打工撈錢的對象，就這樣時間一分一秒的過去。到了當天中午，肚子已經餓得不停地哀嚎了，但我並沒有出去買午餐，因為一旦我離開座位，就很可能會怠惰，當天就不會繼續看盤了，這樣會讓人很不甘心，明明這麼認真的在耕耘，卻得不到成果。

　　為了不錯過任何機會，過了中午，飢腸轆轆的我仍強忍著飢餓，繼續一邊聽著財經新聞，一邊刷著自選股。此時我突然刷到了祥碩，因為是曾經黃金櫃位裡的名單，我下意識多看了兩眼，這才發現當下的 K 線圖（見圖 2-39）有種似曾相識的感覺。

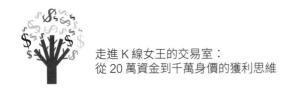

　　腦袋閃過一個靈感：「這 K 線圖很像昨天書上講的三角旗欸！」我算了一下旗杆的天數：「1、2……5、6，一共六天，旗面到目前的天數是四天，太好了符合書上講的。」

　　再來是停損點要設哪邊……「就設定在昨天的最低價吧！」我心裡這樣想著。就這樣，從不小心看到祥碩，到思考的過程，前後不到十分鐘，我就下單買進。

　　買完的當下到收盤，我只希望行情走勢不要觸到設定的停損價，最後好險並沒有停損出場。收盤後，我時而開啟軟體，看一下今天買的祥碩，時而關閉軟體，思考我這樣的進場到底對不對，雖然知道盤後再來對今日的進場斤斤計較都是多餘的，今天的行情已經走完了，現在能做的就是等待明天的開盤，讓行情來驗證到底是買對還是買錯，但我仍然坐立難安，不確定感還是不斷影響我的心情，干擾我的思緒。

- **階段 3** **新手運來了**

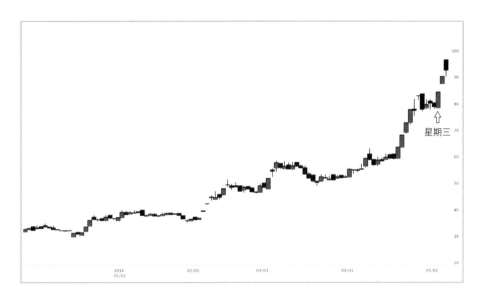

圖 2-40 祥碩（5269）日線圖

　　時間來到 2014 年 5 月 7 日星期三，也就是買完祥碩的隔天，我整裝待發，早早就坐在電腦前，等待股市開盤的到來。九點台股一開盤，祥碩開在昨收之下，並且在平盤以下打混了一陣子，我心情跟著盪漾。

　　「不會要停損了吧？」這句話一直在我腦海裡不斷重複著。

　　過了幾十分鐘，可以明顯感受到價位迅速被往上推進，沒多久就漲停了。

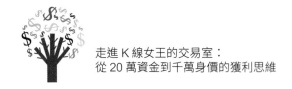

前一刻還在擔心停損的問題，但下一秒幸福來得太突然，我還來不及開心，它就漲停了，既然漲停，代表方向上是看對了，動作上就是繼續抱著。

時間來到星期四，祥碩直接跳空開高又漲停。我心想：「這技術也太神了吧！原來新手運不是不來，只是時候未到而已。」

連續兩天的漲停，讓我有一種難以言喻的快感，同時也覺得時間過得很緩慢，不過和看不懂圖的漫長不太一樣，這次是因為在預期心的驅使之下，期待著明天開盤又漲停，我帳上的未實現利潤又會增加，紅上再添紅。

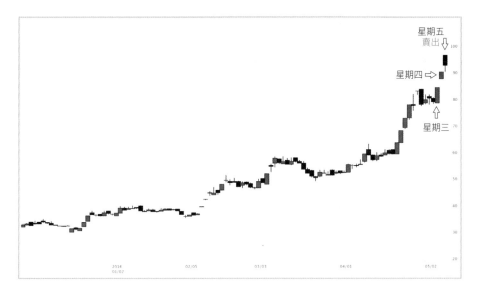

星期五
賣出

星期四

星期三

圖 2-41 祥碩（5269）日線圖

　　時間來到禮拜五，一開盤開在接近漲停價，我心想：「不會吧！難道又要漲停了嗎？」隨即打開未實現利潤，連續三天幾乎賺了快三根漲停板，有了巨大的未實現利潤，那一刻，我內心的激動、喜悅和興奮簡直無法形容。

　　然而，開盤後沒多久，股價開始快速下跌，最低點接近前一日收盤價的位置，帳上未實現利潤瞬間減少許多。在停利點的設計上，我並沒有太多著墨，此時的我已經陷入自己的幻想世界中，單純想著一天應該要比一天好，未實現利潤應該要天天不斷地增加，所以當祥碩的股價開始下跌時，我亂了套，不想讓曾經擁有的利潤失去，更害怕萬一當天的

203

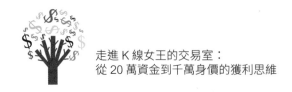
股價不斷下跌怎麼辦，因此，我賣出了手中的持股。

我雖然砍在當日的相對低點，但是當天是收一支黑 K 線，離我砍掉的價位並不遠，因此我心裡並沒有太大難受的感覺，反而看著我帳上的獲利，相當滿足，別說是來打工賺錢，這四天賺到的錢相當於很多大學畢業生剛入社會工作的月薪。

這次感覺大獲全勝的交易，把我從前面好幾筆因虧損所承受的心理壓力中釋放出來。勝利伴隨著喜悅，也伴隨著輕敵，這似乎是新手都會經歷的過程。

「輕敵」展現在交易上有兩種方式，一種是自覺技術夠好，所以隨意亂做單；另一種則是以為敵人猶如自己的囊中物，隨時可以將敵人拿下，所以先行享樂、慶功。前者輕敵的原因可能是技術上的勝利導致信心爆棚；而後者輕敵的原因可能是一次幸運的勝利，致使心態上的滿足，而不再去強化技術，但殊不知，敵人遠比想像中來得強大。

我屬於輕敵類型的後者，起初進到股票市場就是來打工賺錢的，如今祥碩這筆獲利賺到的是打工錢的數倍，我盤後的生活不像以往認真，那一周的周末我也沒有認真分析行情，我盡情放縱、狂歡，整個人都鬆懈了，覺得稍微休息一下沒有什麼大礙。

猜猜祥碩這一檔股票後面發生了什麼事情？

• 階段 4　為什麼抱不住大波段

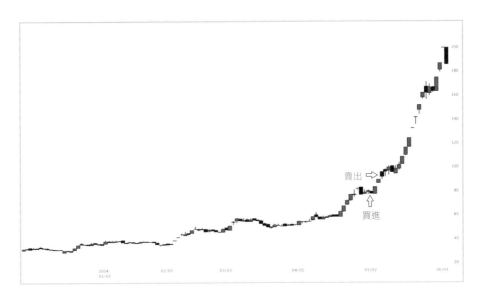

圖 2-44　祥碩（5269）日線圖

　　這是祥碩買進、賣出之後一個月的日 K 線圖。

　　賣出祥碩後的一個月，股價又多漲了一倍。這期間我不是沒想過要再把它買回來，而是買不回來。這又要說到當時的心態，一方面我的打工心態致使我在賣出後的頭幾天有了惰性，另一個致命傷就是過分看重勝負，怎麼說呢？我當初賣掉的價位是 92.5 元，這個價位存有一個定錨的心理作用，也就是說，我下一次買進一定要低於 92.5，不然如果往上追高，不就代表我賣錯了嗎？

205

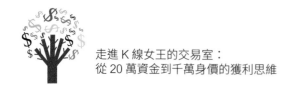

「這筆單子已經被我定義是大獲全勝耶，怎麼會有錯呢？」我當時內心是這樣想。

自從我賣掉祥碩之後的一個月，股價再也沒有低於 92.5 元。人們常說：「少賺就是賠。」對賣出祥碩一個月後的自己而言，我的確是少賺非常多。可惜的是，行情曾經給過機會，但我沒有把握住；可惡的是，我太過分看重之前認為「大獲全勝」的單子，後續上漲的一個月時間裡，只要不是在圖上最後一天買進，而是在其他任一時間點買進，結果都是賺錢的。

回頭檢討這一筆單子，雖說當時是一位新手，好像不應該苛求什麼，有賺錢就不錯了，但這種想法只會讓人無法進步。進入交易市場，就應該把自己當成職業體育選手訓練，既然是職業級別，就要不斷修正，不斷精進自己，並且不斷驗證自己修正後的結果。

祥碩這筆單子沒有賺到後面大波段的原因，很大一部分是一開始的心態出了問題，再來才是技術分析沒有到位。

我的心態是來股票市場打工的，我以朋友們打工的薪水作為期望，希望能在股票市場撈到同樣的錢就心滿意足了。用打工的心態來到股票市場，每天一開盤就想下單，今天賺個 1,000、2,000，稍微賺到一些錢就想要先獲利了結，最後反而因小失大，正如同我們都知道的那句「打工賺的錢是無法改變一個人終生財富的」；打工的精髓其實是建立在運用時間去換取累積實務經驗的機會，而不是靠打工來累積財富。

　　我在進入股市時，用打工的想法侷限自己的格局，把握的不是運用所學來累積經驗的機會，而被小利潤蒙蔽，目送本可以賺到的大錢。

　　整體而言，我在心態上出了很大問題，不服輸加上打工的心態，導致我賺了一點小錢就想跑，賣錯了也不敢再追回來，更忽略了出場點的設計有無意義，這是歸屬於技術技巧不純熟所導致的錯誤，在技術不夠好的階段，就容易產生亂套用的情形，最終吞下敗仗，和自己不想認輸的心態相違背。

　　自從這次的經驗後，我決定拋下打工心態，改用更認真的態度來面對充滿挑戰的市場，並且嚴謹的要求自己在每一次進出的點位都要事先推理、有所依據。

1+3=4　重 | 點 | 結 | 語

- 投資是探索自我的過程，心態和個性會以很寫實的方式反應在操作上。
- 新手運終究是個謎，還是靠自己努力比較實在，踏實地做分析、規畫，交易旅程才會走得穩健長久。

焦 ┃ 點 ┃ 掃 ┃ 描

- **心態**：勿搖擺不定、短視近利，若迷失在未實現損益的數字裡，
  容易因小失大。
- **技術**：新手看圖需多花時間分析，事前做好功課再進出。
- **技巧**：出場點位的設計須講究邏輯，沒理由亂跑就容易產生虧
  損或錯失大行情。

結語
在市場立足，
你需要有自己的獲利之道

　　進入交易市場非常容易，無論你是達官貴人或是一般的市井小民，只要年滿開戶的年齡、有足夠的交割金額就可以參與買賣；但交易市場的走勢瞬息萬變，上下波動劇烈，往往上一秒還沉浸在獲利愉悅的情緒中，下一秒走勢就驟然反轉，快得讓人完全沒有招架之力。

　　進入交易市場雖然容易，但獲利難，有獲利還能全身而退更是難上加難。但交易市場提供了一個人類「好賭之性」可以合法宣洩的場所，也創建出一個讓窮人翻身、富人更富的機會之地；因此，縱然交易失利的案例不絕於耳，但入市者仍趨之若鶩、源源不絕。而在這個致富的應許之地，我們又該如何成為其中少數的獲利者，這是一個值得深思的問題。

　　要探究如何在交易市場立足前，首先要確認自己進入市場的目標是什麼？是致富、增加月薪或者只是打發時間？如果只是增加月薪甚至是打發時間的人，心態上或許可以鬆懈一些，但如果目標是致富的話，就需要嚴謹地檢視自己目前的交易狀況，是「大賠、小賠、小賺還是大賺？」每種狀況都有相對應需要解決的問題與改善之道，想要在這詭譎

209

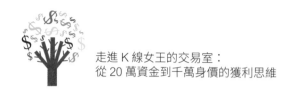

多變的交易市場致富，唯有真實地認識自己、面對問題、持續改善，才有機會穩健地往大賺致富之路邁進。

除此之外，交易有很多要素相互牽引，這些要素搭配得好，交易才容易成功；本書將這些要素歸納成三大面向：「心態觀念」、「技術技巧」、「資金控管」，統稱為「交易金三角」，三者互為犄角，缺一不可。

很多投資人都會認為只要擁有了分析的「技術技巧」，分析出買賣的進出點位就是致富的保證，其實不然；因為最終的買賣點位、進出時點，仍需由「人」來決定，縱然現下極為流行的「程式交易」，背後的進出條件仍是由「人」所設定，因此，健全的「心態觀念」往往才是決定交易成敗關鍵之所在；但人有七情六欲，操作時難免會受到當下的情緒影響，因此「資金控管」就是在降低投資人操作犯傻時所產生的傷害。

「交易金三角」是種可用來檢視自己交易哪裡出問題的系統化工具，只要哪筆單賠了大錢，不妨可以放慢腳步，想一想是哪個面向犯了錯，只要有交易，犯錯很難避免，一次的犯錯沒有關係，怕的是自己不知道錯在哪，重複犯同樣的錯誤，而掉入無止境虧損折磨的深淵，但只要知道出錯的根源，予以改善，錯誤就變成了下次獲利的養分。

交易旅程是一條漫漫長路，不要存有一夕致富的想法，進入交易市場無論如何一定要想方設法讓自己先存活下來，不要走著進來被抬著離

場；因此，操作時要保持著「敗中求和」、「弱中求勝」，先讓自己立於不敗之地，一旦抓到機會，做對行情時，就要轉守為攻，擴大戰果，「勝者更勝」。

本書後半部彙集了一些我個人交易失敗的案例，並從「交易金三角」的角度分析錯誤的原因，提供讀者作為借鏡，避免重蹈覆轍，減少交易道路上的障礙。

交易漫長艱辛，但只要堅定目標、汲取教訓、發掘問題、積極修正，大賺的道路就已經為你開啟了。

投資贏家系列 053

走進K線女王的交易室

從20萬資金到千萬身價的獲利思維

作　　　者	鄭雅瑄
副總編輯	鍾宜君
行銷經理	胡弘一
封面設計	FE設計
內文排版	簡單瑛設
校　　　對	呂佳真

出 版 者	今周刊出版社股份有限公司
發 行 人	梁永煌
社　　　長	謝春滿
副總經理	吳幸芳
副 總 監	陳姵蒨

地　　　址	104408台北市南京東路一段96號8樓
電　　　話	886-2-2581-6196
傳　　　真	886-2-2531-6438
讀者專線	886-2-2581-6196轉1
劃撥帳號	19865054
戶　　　名	今周刊出版社股份有限公司
網　　　址	http://www.businesstoday.com.tw

總 經 銷	大和書報股份有限公司
製版印刷	緯峰印刷股份有限公司

初版一刷	2021年10月
定　　　價	350 元

國家圖書館出版品預行編目 (CIP) 資料

走進 K 線女王的交易室 : 從 20 萬資金到千萬
身價的獲利思維 / 鄭雅瑄著 . -- 初版 . -- 臺北
市 : 今周刊出版社股份有限公司 , 2021.10
216 面 ; 17×23 公分 . -- （投資贏家系列 ; 53）
ISBN 978-626-7014-18-9（平裝）

1. 股票投資　2. 投資技術　3. 投資分析

563.53　　　　　　　　　　　110014111

Investment

Investment

TAIEX 加權股價指數

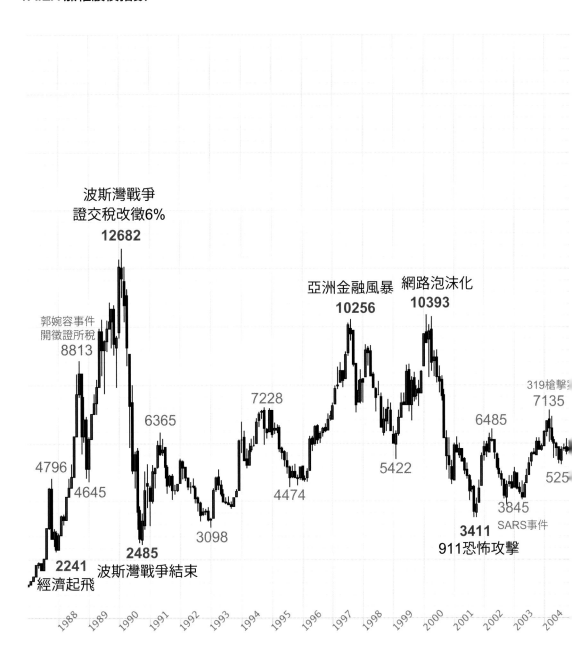

波斯灣戰爭
證交稅改徵6%
12682

亞洲金融風暴
10256

網路泡沫化
10393

郭婉容事件
開徵證所稅
8813

319槍擊
7135

7228

4796

6365

6485

525

4645

5422

4474

3845

3098

SARS事件

2241

2485
波斯灣戰爭結束

經濟起飛

3411
911恐怖攻擊

1988 1989 1990 1991 1992 1993 1994 1995 1996 1997 1998 1999 2000 2001 2002 2003 2004

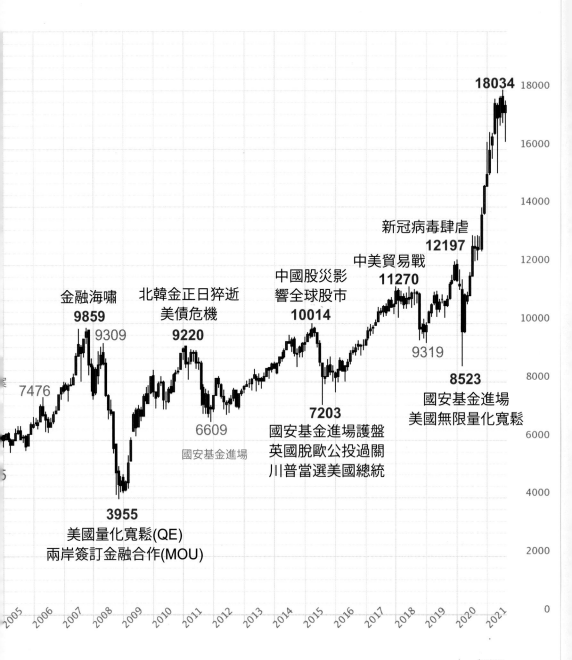

金融海嘯
9859
9309

北韓金正日猝逝
美債危機
9220

中國股災影
響全球股市
10014

新冠病毒肆虐
12197

中美貿易戰
11270

7476

6609

國安基金進場

9319

8523
國安基金進場
美國無限量化寬鬆

7203
國安基金進場護盤
英國脫歐公投過關
川普當選美國總統

18034 18000

16000

14000

12000

10000

8000

6000

4000

3955
美國量化寬鬆(QE)
兩岸簽訂金融合作(MOU)

2000

0

2005 2006 2007 2008 2009 2010 2011 2012 2013 2014 2015 2016 2017 2018 2019 2020 2021